일본어로부터 본 일본인

주체성의 언어학

일본어로부터 본 일본인

주체성의 언어학

히로세 유키오(広瀬 幸生)・하세가와 요코(長谷川 葉子) 저
채성식 역

역락

저자 서문

　말에는 그것을 사용하는 사람의 마음과 그로 표현되는 문화·사회의 양상이 투영된다. 이러한 생각은 전부터 존재하여 왔으며, 언어학뿐만이 아니라 철학, 문학, 심리학, 문화인류학, 사회학, 나아가서는 정신의학 등의 제반학문에 있어 말과 인간, 그리고 인간사회의 관계의 중요성이 인식되어 왔다.

　본서도 동일한 관점에서 일본어에서 관찰되는 일본인의 특성과 일본문화에 대해 고찰하고 있다. 이러한 목적성을 띤 연구는 지금까지도 무수히 이루어져 왔으며 장르적으로는 이른바 일본인론(日本人論) 혹은 일본문화론에 해당하는 것이 많다.

　그러나 본서는 「주체성(主體性)의 언어학」이라는 부제가 의미하는 바와 같이 전통적인 일본인론과는 일선을 긋는다. 언어학에서 말하는 주체성이란, 말로 자기를 표현하는 것이다. 특히 본서는 일본어에 보이는 개(個)의 주체성, 즉 개(個)로서의 자기표현에 주목하여 거기에 일본인의 강한 자기의식이 반영되어 있음을 언어학적으로 논하고 있다.

　우선 본서는 전통적인 일본인론에서 주장되어 온 집단모델을 언어학적 입장에서 비판적으로 검토하여 집단성의 논리가 일본어의 본질적 특징과 상충됨을 지적하고 있다. 집단성을 시사하는 현상이 일본어에 많음은 부정할 수 없는 사실이나, 실은 그러한 현상의 배후에 영어를 비롯한 서양어 이상으로 강한 개(個)의 의식에 뿌리를 둔 언어체계가 존재한다는 것을 다양한 언어현상에 대한 분석을 통해 주장하고 있다.

이러한 고찰을 통해 부상(浮上)하는 일본인상은 개(個)로서의 자기의식은 강하나 그를 위해 도리어 대인관계에 민감해지는 인간상이다. 본서는 이러한 역설적 이면성에 일본인의 표현구조의 본질이 숨어있음을 지적함과 동시에 영어 등과의 비교를 통해 일본어가 지닌 강한 자기지향성의 측면을 부각시키고 있다.

본서의 구성은 이하와 같다.

제1장은 상기의 전통적인 일본인론에서 주장된 집단모델에 대한 언어학적 비판 등에 관한 내용으로 본서의 토대이자 출발점을 이룬다. 일본어에 반영된 일본인의 자기개념이 집단모델에서 말하는 것처럼 「ウチ」(안)라는 집단으로 동화되어 상황에 따라 항상 변화한다는 것은 결코 성립되지 않음을 밝히도록 한다. 또한 개(個)의 주체성에 근거한 언어현상을 고찰하여 언어주체로서의 화자(話者)에게는 공적(公的) 측면(타자(他者)와 관련된 사회적인 전달의 주체)과 사적(私的) 측면(타자에 대한 관여를 의식하지 않는 사고·의식의 주체)이 존재함을 밝히고, 영어를 공적 자기중심의 언어로, 반면에 일본어는 사적 자기중심의 언어로 특징짓고 있다. 공적 자기·사적 자기의 구별에 대응하는 형태로 언어표현 역시 사회적인 대인관계가 관여된 공적 표현과 내적인 의식에 대응하는 사적 표현으로 구분되는데, 일본어에서는 이러한 언어표현의 구별이 특히 중요한 의미를 갖는다.

제2장에서는 일본어에서의 1인칭대명사의 생략문제를 들어 이 현상이 집단모델에서 말하는 자아의식의 결여(缺如)가 아닌 그와는 반대된 일본어의 강한 자기지향성을 나타냄을 지적하고 있다. 일본어의 강한 자기지향성은 일본어가 자기를 타자보다 우위에 두는 특징을 갖는다는 것으로 설명되며 타자지향성이 강한 영어와의 비교검토가 이루어진다.

제3장에서는 일본어의 강한 자기지향성과 밀접하게 관련된 현상 중 하나로 혼잣말의 문제를 거론하고 있다. 지금까지 언어학에서 혼잣말의 문제를 정면에서 본격적으로 다룬 연구는 거의 없었다. 본 장에서는 일본어의 혼잣말에 관한 실험데이터를 사용하여, 종조사(終助詞)인 「ね」와 「よ」를 대상으로, 혼잣말에 등장할 경우의 기능에 대해 고찰하고 있다. 이들 종조사는 전통적으로 지식량(知識量)이 다른 청자(聽者)가 부재(不在)한 혼잣말의 경우에는 자기의 사고를 감시·제어하는 기능을 담당한다.

제4장에서는 정보의 영역(情報のなわばり, 발화(發話)가 전달하는 정보가 누구에 속하는가)적 측면에서 일본어는 영어와 달리 전달표현이 반드시 필요하다고 지적하고 있다. 그리고 이는 일본어가 사적 자기중심의 언어이기에 본질적으로 전달성이 약하다는 것의 반증이라 볼 수 있다.

제5장에서는 일본어의 경어표현(경의(敬意)표현도 포함한 원활한 인간관계의 구축에 기여하는 언어사용)에서의 혼잣말의 의의에 대해 고찰한다. 일본어는 본래 친밀함과 경의를 동시에 표현하기 힘드나, 정중체(鄭重體) 대화 안에 혼잣말적 발화를 삽입함으로써 청자에 대한 경의와 친밀함을 동시에 나타낼 수 있음에 대해 지적하고 있다. 대화중에 혼잣말을 사용하게 되면 화자는 자신의 마음속을 그대로 상대에게 드러낼 수 있게 되고, 그로 인해 청자와의 사이에 신뢰와 친밀감이 생기기 때문이다.

제6장에서는 사적 표현·공적 표현의 구별이 언어사용형태의 차이와 어떠한 관계를 맺는가를 소설에서의 예를 토대로 검토하는 한편, 혼잣말에 대해서도 동일한 시점에서 고찰하고 있다. 소설에서의 언어사용은 의식묘출(意識描出)·마음속발화(心內發話)·회화(會話)의 세 형태로 구별되고, 이들은 공적성(公的性, 화자가 타자를 의식하는 정도)에 따라 다시금 구별된다. 혼잣말, 대화 등의 일상적 언어사용에서의 구별에도 언어표현의 공적성

이 중요한 의미를 가짐을 밝히고 있다.

본서가 일관되게 주장하는 바는 일본어의 다양한 표현을 통해 사적·공적 자기 구별의 중요성을 나타내고 이들 두 자기의 존재가 때로는 역설적으로 작용한다는 것이다. 즉 일본어로부터 본 일본인은 자기의식이 너무나도 강한 나머지 도리어 대인관계에 민감해졌다는 것이다. 일본인에게 있어 대인관계란 치레(建前)상으로는 중시해야할 대상이나 그 배후에는 본심(本音)으로서의 강한 자기의식이 숨어 있다.

본서가 일본어와 일본인의 관계, 나아가 말과 문화의 관계에 대한 이해촉진에 일조할 수 있다면 우리들 저자에게 있어 큰 기쁨일 것이다.

역자 서문

『일본어로 본 일본인』과 『일본어로부터 본 일본인』

둘 중 어느 쪽을 본 역서(譯書)의 제목으로 할까 꽤 고민을 하였다. 원서(原書)의 제목인 『日本語から見た日本人』을 한국어로 직역(直譯)하자면 후자(後者)를 택함이 마땅하겠으나 문맥적으로 보다 간결하고 이해하기 쉬운 전자(前者)의 유혹을 쉽게 떨쳐버릴 수 없었다. 숙고에 숙고를 거듭한 끝에 결국엔 후자 쪽으로 가닥을 잡았으나, 「일본어로」 본 일본인과 「일본어로부터」 본 일본인은 한국어모어화자인 역자(譯者)에게도 사뭇 다르게 다가온다. 본 역서의 내용이 과연 어느 쪽에 더 부합하는지 곰곰이 생각해보았다.

한 집단을 구성하는 구성원의 특징은 무엇보다도 그 구성원이 사용하는 언어에 가장 잘 투영되어 있다고 해도 과언이 아니다. 단순히 구성원 간의 의사전달을 위한 도구로서만이 아닌, 구성원의 사상과 사고체계가 말(言)과 글(語)에 고스란히 녹아있는 것이 바로 언어이기 때문이다.

그렇다면 일본이란 집단의 구성원인 일본인의 특징은 과연 무엇일까? 자신을 낮추는 겸손함, 남을 배려하여 자신을 드러내기를 주저하는 부끄러움과 같은 긍정적 측면이 있는 반면, 겉치레(建前)와 본심(本音)의 괴리(乖離), 몰개인적(沒個人的) 집단주의 등으로 대표되는 부정적 측면도 있을 것이다. 하지만 이들 상반된 이미지의 배후에는 개인보다는 집단을 중시하는 멸사봉공(滅私奉公)의 정신이 공통항(共通項)으로 자리 잡고 있다. 과연 일본어에도 이러한 멸사봉공의 정신이 그대로 반영되어 있을까?

결론부터 말하자면 그렇다. 하지만 그 실체를 조금만 파헤쳐보면 거기에는 그렇게 될 수밖에 없는 필연적인 이유가 숨어있음을 알 수 있다.

「자아(自我)의식이 너무나도 강한 나머지 대인관계에 민감해질 수밖에 없는 일본인」

바로 이러한 역설(逆說)적 이면성(二面性)이야말로 본 역서가 밝히고자 하는 주된 테마이며, 이를 위해 자아의식, 즉 주체성(主體性)이 반영된 일본어와 영어의 자기(自己)표현에 대해 비교대조언어학적 관점에서의 폭넓고도 심층적인 고찰이 이루어진다. 본 역서에서의 일본어의 위치는 결국 연구의 도구이기에 앞서 연구대상 그 자체이자 기점(基点)이기도 한 바, 그 제목을 『일본어로부터 본 일본인』으로 정하기에 이르렀다.

본 역서는 역자의 은사(恩師)이신 쓰쿠바(筑波)대학의 히로세 유키오(広瀬 幸生) 교수님과 UC Berkeley의 하세가와 요코(長谷川 葉子) 교수님의 공저(共著)를 두 분의 양해 하에 한국어로 옮긴 것이다. 번역작업이 항상 그러하겠지만 그 과정상의 기술적인 어려움은 차치하더라도 원서의 내용을 얼마만큼 충실히 독자에게 전달할 수 있을까, 얼마만큼의 내용성을 담보할 수 있을까, 그리고 번역상의 오류로 두 저자 분들에게 누를 끼치지는 않을까 등등 그간 많은 고민이 있었다. 아무쪼록 본 역서가 자아의식과 언어의 관계, 집단구성원과 언어의 관계, 비교대조언어학적 연구와 그 방법론에 대한 이해에 조금이라도 도움이 될 수 있기를 바라마지 않는다.

마지막으로 본 역서의 출간에 도움을 주신 도서출판 역락의 이대현 사장님과 이소희 대리님, 고려대학교대학원 중일어문학과 정병호 교수님, 방동훈 학생, 그리고 역서 출간을 흔쾌히 허락해주신 히로세 유키오 교수님과 하세가와 요코 교수님께 감사의 말씀을 드린다.

차 례

제1장

일본인은 「집단주의적」인가?
－언어학적 관점에서의 비판적 검토

1. 들어가며

일본인은 집단주의적이라는 것이 일본문화론에 있어 일본인을 특징짓는 가장 대표적이자 두드러진 시각이다. 이러한 시각에서 일본인은 자아의식이 결여(缺如)되어 있다거나 일본사회는 대립을 피해 「和(조화, 융합)」를 중시한다거나 하는 등의 의견이 대두되었다. 이러한 집단주의적 시각은 문화인류학·사회학·사회심리학을 필두로 수많은 분야의 일본연구에 빠짐없이 등장한다(이 현상에 관한 문헌은 南(1994), 杉元·マオア(1995), 高野(2008) 등을 참조). 일본어의 언어문화연구도 그 예외는 아니라 일본어는 집단주의와 불가분(不可分)의 관계에 있는 「ウチ(內, 안)·ソト(外, 밖)」개념에 의해 정의된다고 보는 시각도 많다(Bachnik(1994), Wetzel(1994), 牧野(1996)).

이러한 일본문화론은 이미 널리 알려진 바와 같이 일본인·일본사회는 특수하며 이질적이라는 신화(神話) 아닌 신화를 낳는 계기가 되었으며,

많은 일본인들 역시 아무런 의심 없이 이를 액면 그대로 받아들여 왔다 해도 과언이 아니다. 그러나 최근(특히 80년대 이후), 문화인류학과 사회학 등의 분야에서 일본문화론에 대한 재고(再考)의 필요성이 제기되어, 소위 일본특수론(日本特殊論), 혹은 일본이질론(日本異質論)에 대해 비판적인 시각의 연구가 상당수 발표되고 있다(ベフ(1987), 杉本・マオア(1995), 濱口(1996), 靑木(1999) 등). 또한 「일본인＝집단주의」설에 대해 비판적 시각에서 접근한 심리학적 연구로는 高野(2008)가 있다.

  본 장에서는 언어연구라는 측면에서 「개인의 결여」라고까지 일컬어지는 일본인의 특수성을 검토하고, 그러한 집단모델이 결코 일본어의 본질적 특징에 부합하지 않음을 밝히도록 한다. 물론 집단성을 시사(示唆)한다고 여겨지는 현상이 일본어에 다수 존재함은 부정할 수 없는 사실이나, 본 장에서 논하고자 하는 포인트는 그러한 현상의 배후에, 실은 영어 등의 서양어와 비교해도 결코 손색없는, 아니 어쩌면 그 이상의 강한 개인의식에 뿌리를 둔 언어체계가 일본어에 존재한다는 점이다.

  본 장의 구성은 다음과 같다. 우선 제2절에서는 사회・문화모델과 언어의 일반적인 관계에 대해 서술한다. 제3절에서는 일본인에 관한 집단모델과 그에 근거한 상대적・유동적 자아(自我)라는 개념을, 그를 유발하는 언어현상과 결부시켜 개관한다. 제4절과 제5절에서는 집단모델 내의 「ウチ에 동화(同化)된 상대적인 자기(自己)」라는 개념을 비판적으로 검토하며, 특히 심리술어에 관한 현상을 중점적으로 고찰함으로써 일본어에도 ウチ에 동화되지 않는 「절대적인 자기」를 상정할 필요가 있음을 제시한다. 여기서 말하는 「절대적인 자기」란 언어주체로서의 자기이며, 그러한 의미에서 일종의 보편적인 개념이라고 할 수 있다. 제6절에서는 이러한 보편적 언어주체로서의 자기에 2가지 측면이 있다는 사실을 밝힌다. 하

나는 전달주체로서의 「공적(公的) 자기」의 측면이며, 또 다른 하나는 사고·의식의 주체로서의 「사적(私的) 자기」의 측면이다. 공적 자기는 의사를 전달함으로써 타자와 관련을 맺는 사회적 존재이나, 사적 자기는 타자와의 관련을 의도하지 않는 개인적 존재이다. 제7절과 제8절에서는 영어를 비롯한 서양어는, 하나의 체계로서 고찰하였을 때, 공적 자기를 중심으로 한 언어인데 비해, 일본어는 보다 본질적인 부분에서 사적 자기를 중심으로 한 언어라는 점에 대해 논한다. 그리고 이를 통해 부각되는 일본인상은 집단모델이 갖는 일반적인 이미지와는 정반대의, 내적인 자기의식에 바탕을 둔 극히 개인적인 존재임을 밝히도록 한다.

2. 사회·문화모델과 언어의 관계

호칭어(呼稱語), 친족지시어(親族指示語), 경어(敬語) 등의 언어현상은 그 언어사회의 구조를 이해하지 못하면 기술·설명이 불가능하다. 인류학·민족지(民族誌)학·사회학 분야의 연구자는 사회구조의 모델을 제창할 때, 해당사회의 언어적 특징을 그 근거로 하는 경우가 많다. 반면에 언어연구자는 언어의 구조를 기술·설명할 때 그들의 모델을 차용하는 경우가 많다. 즉, 사회연구와 언어연구는 상호의존적인 관계이며 일본어는 그러한 의미에서 가장 광범위하게 연구되고 있는 언어 중 하나라고 할 수 있다.

일반적으로 사회·문화모델이라는 것은, 예를 들어 전후(戰後, 1945년 이후)의 주둔군(駐屯軍)에 의한 일본통치, 60년대의 일본의 급격한 경제성장에 대한 이해, 80년대의 일미무역불균형의 시정과 같은 사례에서 알 수 있듯이 일정한 목적 하에 구축된다. 더불어 이들 모델은 본래 일종의 이데올로기적 성격을 갖기 때문에 추상화(抽象化)과정에서 각각의 개별적인 특성이 일정부분 삭제될 수밖에 없다. 따라서 각 모델의 타당성은 그 목적에 비추어 판단되어야 할 것이며 언어현상의 어떤 일부분만이 선택적으로 사용되는 것을 반드시 비판적으로 받아들일 필요는 없을 것이다. 그러나 이들 사회모델이 당초의 목적에서 벗어나 확대 사용되어 언어전체의 구조가 아닌 일부분만이 다루어지게 될 경우 자칫 왜곡된 언어사회상의 추출(抽出)로 이어질 수도 있다. 따라서 이러한 경우는 언어데이터에 대한 보다 신중한 접근과 검토가 요구된다.

3. 집단모델과 자기의 유동성

일본사회는 집단주의와 상황의존성(contextualism)에 의해 특징져지는 경우가 많다. 여기서 말하는 집단주의란, 개인주의에 상대되는 개념으로 자기의 의식이 개인에 있는 것이 아닌 집단귀속에 의해 발생됨을 의미한다. 이때 집단의 구성원은 그러한 상태를 감수하는 한편, 귀속집단의 목적에 대해서는 멸사봉공(滅私奉公)의 충성심을 갖게 되는데, 그 결과 집단 내에서 투쟁은 좀처럼 일어나지 않는다(Yoshino(1992 : 19)). 반면에 상황의존성은 자기의식조차도 상황과 타자에 의해 규정된다는 성질이다.

中根(1967)에 따르면, 일본인은 자기소개를 할 때, 심리학전공이라든가 엔지니어라는 개인의 자격이 아닌, 그 사람이 속한 장소, 즉 대학 혹은 회사라는 틀을 우선시하는데, 이는 일본인의 강한 집단귀속의식을 여실히 보여준다. 집단모델에서는 1946년의 루즈베네딕트의『菊と刀』이래로 일본은 지배자계급 대 노동자계급 혹은 카스트제와 같은 계급적 자격에 근거한 「횡적 사회(ヨコ社会)」가 아닌, 집단 간 또는 집단 내에서의 비호자(庇護者)적 상관(上官)과 그에 추종하는 자(者)와의 서열의식에 바탕을 둔 「종적 사회(タテ社会)」로 특징져지는 경우가 많다(中根(1967)).

이러한 종적 사회의 기반을 이루는 것이 바로 일본인의 특성으로 흔히 일컬어지는 「甘え(어리광)」의 심리라는 지적도 있다(土居(1971)). 「甘え」란, 「유아(幼兒)의 정신이 어느 정도 발달하여 모친이 자신과는 다른 존재라는 것을 자각한 후 그 모친을 찾는 것」(土居(1971 : 18))을 말한다. 이러한 모친에 대한 의존성과 유사한 관계가 성인이 된 후에도 사회집단 내에서 길러지게 되는데, 예를 들어 부하는 자식의 역할을 하며 상사에 의존하며, 반대로 상사의 경우는 부모의 역할을 수행함과 동시에 부하에 대한 관용(寬容)이 기대된다(Yoshino(1992 : 18)).

집단모델하면 빼놓을 수 없는 것이 앞서 언급한 「ウチ」라는 개념이다. ウチ라는 것은 자기가 소속된 집단적 영역으로, 그 영역 밖은 「ソト(外)」(혹은 「ヨソ(다른)」)이다. 후술(後述)하는 바와 같이 「ウチ・ソト」에 있어 특징적인 것은 그 경계가 유동적이라 일정치 않으며 상황에 따라 바뀐다는 점이다. 따라서 이 두 대립개념이야말로 일본어・일본사회를 올바로 이해하는 데 있어 중요한 열쇠가 된다고 보는 연구자도 있다(Bachnik(1994), Wetzel(1994) 등). 이렇듯 가변적 성질의 ウチ・ソト에 대응하는 형태로 ウチ에 속한 자기의 의식 역시 유동성을 띠게 되며, 상황에 따라 상대적으로 규정되는 동시에 끊임없이 변화하는 것으로 간주된다(荒木(1973)).

이러한 유동적 자기의식을 유발시키는 집단모델에 있어서의 하나의 동기부여(動機附與)적 근거로서 일본어의 특징이기도 한 인칭대명사의 결여(缺如), 호칭어, 친족지시어, 경어(敬語), 수수동사(授受動詞) 등과 같은 언어현상의 빈번한 사용을 지적할 수 있다.

우선 첫째로 일본어에는 서양어의 인칭대명사에 대응하는 단어가 존재하지 않는다(鈴木(1973)). 특히, 1인칭대명사의 결여는 서양어를 모어로 하는 화자에게는 쉽사리 이해될 수 없는 사항이다. 예를 들어 일본어에서는 성인이 아동에게 말을 건넬 때, 자신을「おじさん・おばさん(아저씨・아주머니)」으로 부르며, 학교의 교사는 자기 자신을「先生(선생)」라고 부르는 것이 이에 해당한다. 서양어에서는 개(個)의 기점(起點)인 1인칭대명사가 없다는 것은 좀처럼 상상할 수 없으며, 더구나 주어가 생략되는 경우가 거의 없는 영어와 같은 언어의 입장에서 일본어 모어화자는 개(個)로서의 자아의식이 결핍되어 있다는 의견까지 심심치 않게 등장하고 있다(木村(1972), 荒木(1973), Lebra(1992) 등).

둘째로 친족지시어의 상황별 구사(驅使)이다. 예를 들어 자신의 모친을 지칭할 때 가족이나 친밀한 사이의 대화에서는「お母さん(어머니)」을 사용하나, 'ソト에 속한 사람(이하 바깥사람)'에 대해서는「母(엄마)」라는 단어를 사용해야 한다. 이러한 상황별 구사는 父親(아버지), 祖父母(조부모), 兄弟(형제), 姉妹(자매), 그리고 그 외의 가까운 친족관계에도 동일하게 적용된다. 따라서 인간관계의 표현은 ウチ・ソト에 따라 상황 의존적이 된다.

셋째로 ウチ・ソト에 근거한 자기의식의 유동성을 나타내는 예로 수수동사의 용법이 곧잘 거론된다. 일본어에서는 영어의 give를「くれる」와「やる・あげる」로 구별한다.「くれる」는 예(1a)와 같이 화자가 수취인(受取人, 유무형의 영향을 받는 사람)일 경우에 사용되며, (1b)의「あの見知らぬ人(저 얼굴도 모르는 사람)」와 같이 바깥사람이 수취인이 되는 경우는 허용되지 않는다. 그러나 수취인이 화자에 의해 ウチ에 속한 사람(이하 안사람)으로 인식될 경우는 (1c)와 같이 허용된다.

(1) a. 岡田さんが(わたしに)お金を貸してくれた。

     b. #岡田さんがあの見知らぬ人にお金を貸してくれた。

     c. 岡田さんが母にお金を貸してくれた。

이러한 종류의 현상이 발생하는 원인은 안사람인 엄마가 자기의 연장(延長)으로 인식됨에 있으며, 그것은 바로 자기와 타인과의 경계선이 유동적이기 때문으로 설명될 수 있다.

넷째로 존경어와 겸양어(謙讓語)의 상황별 구사에도 ウチ・ソト와 관련된 자기의 유동성이 관찰되는데 이러한 현상을 「상대경어(相對敬語)」라고 한다. 예를 들어 자기 회사의 사장에 대해 동료에게 말할 경우는 (2a)와 같이 존경어를 사용하며, 반면에 자신의 행동을 말할 경우는 (2b)와 같이 겸양어를 사용한다. 그러나 대화상대가 다른 회사의 직원일 경우 대화주제가 아무리 자기 회사의 사장(이름을 田中라고 한다면)에 관한 이야기라도 (2c)와 같이 반드시 겸양어를 사용하여야 한다.

(2) a. 社長は出席なさいます。

     b. わたしは出席いたします。

     c. 田中は出席いたします。

이는 바깥사람과의 대화에서 화자는 ウチ를 대표한다고 여겨지며, 더불어 해당인물이 화자에게는 상사이지만 상대방에게는 화자의 연장인 안사람으로 간주되기 때문이다.

이러한 일본어의 특성을 토대로 Wetzel(1994)은 일본어에서의 발화의 중심은 ウチ라는 집단적 기점이지 인도유럽어에서의 'I'와 같은 개인적 기점은 아니라고 주장하고 있다.

4. ウチに 동화되지 않는 불변의 절대적 자기

앞 절에서는 일본인이 지닌 자기의 개념이 서양어화자의 자기개념과
달리 집단적인 ウチ에 동화되어 상황에 따라 변화하는 상대적 자기라고
정의한 분석에 대해 개관하였다. 본 절에서는, 일본어의 대표적인 특질
중 하나인 정보의 「증거성(evidentiality)」에 관한 현상(神尾(1990)) 등을 참조)
을 기술・설명하기 위해서는, ウチ에 동화되지 않는 일정불변의 절대적
자기를 인정해야 하며, 이러한 절대적 자기는 어떠한 경우에도 유동적인
상대적 자기와는 결코 융화될 수 없음을 지적하고자 한다.

일본어에서 감각・감정 등의 심리상태를 묘사할 경우, 「심리술어」라
불리는 동사・형용사가 사용되며 심리동사의 주어는 통상 화자로 한정
된다. 따라서 심리술어를 사용함에 있어 일본어화자는 의식적으로 자기
와 타자를 엄밀히 구별해야 한다. 예를 들어 (3)과 같은 예에서 심리술어
인 「うれしい」의 주어는 화자이며, 화자 이외의 심리를 묘사할 경우는
(3c, d)와 같이 「~がっている・そうだ」와 같은 간접적 표현을 덧붙일 필
요가 있다.

(3) a. わたしはうれしい。
    b. #母はうれしい。
    c. 母はうれしがっている。
    d. 母はうれしそうだ。

심리술어의 주어에 관한 상기(上記)의 제약은 상당히 엄격하여 술어가
여러 의미로 해석될 개연성(蓋然性)이 있는 경우 이 제약을 만족시키는 형
태로 이해된다. 예를 들어 심리동사 「悲しい」에는 경험자를 주어로 하는

해석과, 슬픔을 유발시키는 요인을 주어로 하는 해석이 있을 수 있으나, (4b)와 같이 주어가 화자 이외인 경우, 청자는 자동적으로 후자(後者)의 해석(「어머니는 나를 슬프게 한다」)을 취하게 된다.

(4) a. 私は悲しい。
    b. 母は悲しい。

또한 (5)에 등장하는 원망(願望)을 나타내는 표현도 심리술어에 속한다. 따라서 「~たい」의 주어는 반드시 화자일 필요가 있으며 제3자의 원망을 표현하는 경우는 「~たがっている」의 형태를 취해야만 한다.

(5) a. わたしはコーヒーを飲みたい。
    b. #母はコーヒーを飲みたい。
    c. 母はコーヒーを飲みたがっている。

(6)의 「思う」도 일종의 심리술어이므로 지금까지의 예문과 동일하게 3인칭주어는 배제된다(Iwasaki(1993), 中右(1994)).

(6) a. わたしは, 母は病気だと思う。
    b. 母は病気だと思う。
    c. 母は(自分は/が)病気だと思っている。

(6a)에서는 「思う」의 주어가 화자이며 「病気だ」의 주어는 화자의 모친임이 명시되어 있다. (6b)에서는 「わたし」가 등장하지는 않으나, 해석은 (6a)와 동일하여 「思う」의 주어는 화자이어야 한다. 한편 3인칭주어의 사고(思考)를 기술하기 위해서는 (6c)처럼 「思っている」의 형태가 되어야 한다.

이러한 제약은 단순히 일본어의 주어선택에 관한 언어적 문제만이 아니라, 오히려 누군가가 누군가의 심리상태를 직접적으로 알 수 있는가라는 언어외적인 일반상식에 관한 문제에 해당한다. 통상적인 회화장면에서 화자는 자기 이외의 타자의 심리를 직접적으로 알 수 없기 때문에 위와 같은 인지제약(認知制約)이 언어에 반영된다. 그러나 소설과 같은 특수한 설정 하에서는 저자 자신이 거기에 그려진 세계의 전지전능한 창조주에 해당하므로 (7)과 같은 3인칭주어와 심리술어의 병용(倂用)이 가능해진다(Kuroda(1973)).

(7) 秋子は、母は病気だと思った。

(3)-(6)의 (a)문과 (b)문의 대립으로부터 부각되는 자기의 개념은 결코 상대적인 것이 아니며 거기에는 유동성도 없다. ウチ의 대표적인 예인 모친(母親)의 경우라도 자기와 동일시하는 언어표현은 불가능하다. 이들 예문은 그것이 아무리 원시적이고 미숙한 것이라 하더라도 일본어가 강한 자기의식을 전제로 하고 있음을 보여주기에는 전혀 부족함이 없다. 따라서 이러한 언어(일본어)를 사용하는 자(일본인)가 서양어에서 보이는 것과 동일한 일정불변의 자기개념을 갖지 않는다고 볼 하등의 이유는 없는 것이다. 즉, 상대적 자기의 개념은 일본어의 심리술어에 관한 문법체계와는 잘 융합되지 않는다는 것이다.

5. 절대적 자기의 우위성

지금까지 제3절에서는 ウチ에 동화된 상대적 자기에 관한 논의를 개관하였고, 제4절에서는 ウチ에 동화되지 않는 절대적 자기의 존재를 제시하였다. 본 절에서는 일본어의 절대적 자기의 우위성에 대해 논하도록한다.

우선 첫째로 절대적 자기의식은 언어습득 초기에 나타나 자연스럽게 획득되지만, 상대적 자기개념의 획득시점은 그로부터 상당한 시간이 흐른 뒤라는 점에 주목하고자 한다. 예를 들어, 알고 지내오던 초등학교 1학년생에게 「あきちゃんはくるとおもう」라는 문장의 의미를 물어보았더니 「오는(くる)」 것은 あきちゃん이며 「생각하는(おもう)」 것은 자기라는 답변을 손쉽게 얻을 수 있었다. 그러나 이 아이의 사용어휘에는 「お母さん」은 있었으나 「母」는 없었다. 이를 통해 심리술어의 문법적 특징은 자연스럽게 익힐 수 있지만 친족지시어의 상황별 구사는 초등학교 등의 실제 교육현장에서 의식적으로 가르치지 않는 한 그 습득이 어렵다는 것을 알 수 있다.

둘째로 안사람에게는 「社長は出席なさいます」와 같이 존경어를 사용하고 바깥사람에게는 「田中は出席いたします」처럼 겸양어를 사용하는 상대경어의 용법 역시 극히 규범문법(規範文法)적이라 기술언어학(記述言語學)의 주요부분으로 간주하기 어려운 측면이 있다. 이는 수많은 회사에서 사내교육의 일환으로 20년 가까이 혹은 그 이상 일본어를 사용해 온 사원에게 경어의 「올바른」 사용법을 철저히 교육시키고 있다는 사실과, 일본의 대부분의 서점에 경어의 올바른 사용법을 다룬 출판물이 반드시 진열되어 있다는 사실로도 미루어 짐작할 수 있다. 이에 비해 「うれしい」

나 「思う」 등의 술어가 화자 이외의 주어에는 사용이 불가능함을 재차
교육시킬 필요가 없다는 사실은 시사(示唆)하는 바가 크다.

셋째로 심리술어의 제약은 일본어 일반에 해당하는데 반해, ウチ・ソ
ト의 구별은 일본어의 모든 방언(方言, 사투리)에 공통되지는 않는다. 상대
경어는 헤이안(平安)시대의 「궁정사회의 최고위층 사람들 사이에 성립된」
(西田(1988 : 74)) 것으로, 加藤(1973)가 지적하고 있는 바와 같이, 여타 일본
어 방언에서는 좀처럼 눈에 띄지 않는다. 또한 수수(授與)동사의 경우도
日高(1997)에 따르면 「やる」와 「くれる」의 구별 없이 「くれる」만을 사용
하는 방언이 상당수 존재한다. 예를 들어 도야마(富山)현의 고카야마(五箇
山)방언에서는 공통어라면 「やる」를 사용해야 할 상황에서 「くれる」를 사
용하여 다음과 같이 말한다(日高(1994)).

> (8) a. ソンナモン, アノコニ クレヨ。
>   (そんな物, あの子にやれよ(그런 것 저 아이에게 줘))
>   b. コノホン, オマエラチ キョーダイノウチノ ダレカニ クリョー。
>   (この本, おまえたち兄弟のウチの誰かにやろう(이 책 너희들 형제
>   중에 누군가에게 줄게))

따라서 이들 방언에 있어 상대적 자기의 개념은 수수동사의 용법에는
관여하지 않는다고 할 수 있다.

넷째로 절대적 자기는 ウチ의 연장선상에서 파악될 수 있는 성질의
개념이 아니며, 나아가 상대적 자기에 비해 보다 중심적 개념임을 보여
주는 언어현상이 존재한다. 제3절에서 본 바와 같이 보조동사 「くれる」
는 어떤 행위에 의해 화자가 은혜를 입어 그것을 고맙게 생각하고 있음
을 나타낼 때 사용되나, 은혜의 수혜자가 「母」처럼 안사람이라 생각되는

경우에도 사용될 수 있다. 이는 「母」가 3인칭이기는 하나 안사람으로 간주되는 만큼 상대적 자기에 포함될 수 있기 때문으로 설명될 수 있다. 반면에 「思う」와 같은 심리술어는 1인칭주어의 경우에만 사용이 가능함을 제4절에서 언급하였다. 여기서 주목할 점은 다음의 예와 같이 이들 2종류의 술어가 공기(共起, 같이 등장)하는 경우다.

> (9) a.　わたしは, 岡田さんが家まで送ってくれると思う。
> 　　 b. #その見知らぬ人は, 岡田さんが家まで送ってくれると思う。
> 　　 c.　母は, 岡田さんが家まで送ってくれると思う。

　주제(主題)를 나타내는 조사(助詞) 「は」는 격관계(格關係)를 명시하지 않으므로 (9)의 경우 원칙적으로는 주격(主格), 대격(對格) 어느 쪽으로도 해석이 가능하다. 실제로 (9a)에서 「わたし」는 「思う」의 주어와 「送ってくれる」의 목적어를 동시에 겸하는 것으로 일반적으로 해석된다. 이에 비해 (9b)에서의 「その見知らぬ人」는 「思う」의 주어가 될 수 없을 뿐더러 안사람도 아니기에 은혜의 수혜자라는 의미로는 해석될 수 없다. 따라서 이 문장은 부자연스러운 문장이 된다. 문제는 (9c)이다. 이 문장은 (9b)와 달리 문법적으로는 문제가 없으나, 「母」는 은혜의 수혜자로만 해석되며 「思う」의 주어로는 해석될 수 없다. 다시 말해 「母」는 안사람으로는 간주되나 심리술어의 주어는 될 수 없다는 것이다. 이는 절대적 자기와 안사람과의 사이에 확실한 경계가 존재함을 의미한다. 더불어 그것이 심리표현이라는 인간에 있어 보다 기본적인 영역에서 관찰된다는 사실만으로도 절대적 자기는 상대적 자기보다 기본적인 개념이라고 볼 수 있다.

　또한 발화에서의 직시(直視(deixis), 직접적 지시체계)의 경우도 절대적 자기는 상대적 자기보다 우위에 선다. 앞서 살펴본 바와 같이 예 (9c)에서 「送っ

てくれる」의 목적어는 상대적 자기인 「母」이며 「思う」의 주어는 절대적 자아인 화자이다. 이 문장에 시점의 방향성을 함의하는 동사인 「来る」를 넣으려면 아래 (10)처럼 기술하여야 한다.

(10) 母は岡田さんが家まで送って<u>来て</u>くれると思う。

논의의 편의상 (10)에서의 화자와 그 모친은 각자 다른 집에 살고 있다고 가정한다. 「来る」는 이동의 도착점(着點)에 시점을 두게 되며 이 도착점은 통상 화자가 있는 장소이다. 따라서 (10)의 「家」는 대개 화자의 집으로 해석된다. 단 특별한 상황 하에서는 그 「家」를 모친의 집으로도 해석할 수 있다. 그러나 그 경우 ①화자가 모친의 집을 자신의 영역으로 간주하고 있던가, 아니면 ②모친이 도착했을 때 화자가 반드시 그 집에 있어야만 한다. ②의 해석은 다음의 (11)의 경우와 평행적(平行的)이다.

(11) ジョンが今晩6時にそこに{来ます／＊行きます}ので, わたしが先に
行って待っています。 (大江(1975))

그리고 ①, ② 어느 쪽도 아닌 경우는 (12)에서처럼 「来る(오다)」가 아닌 「行く(가다)」가 사용된다.

(12) 母は岡田さんが家まで送って<u>行って</u>くれると思う。

즉, (10)과 (12)에서 「来る・行く」의 선택을 직접 결정하는 것은 절대적 자기이지 상대적 자기는 아니라는 것이다. 이러한 공간방향의 직시는 일본어뿐만이 아닌 언어일반에 있어 화자의 시점의 소재(所在)를 나타내

는 가장 기본적인 언어적 지표(指標)이다(Fillmore(1997)). 이를 통해 절대적 자기가 상대적 자기에 비해 좀 더 직시의 중심에 있으며, 일본어의 경우 전자(前者)가 후자(後者)에 비해 보다 본질적인 개념이라는 결론에 이르게 된다.

6. 보편적 개념으로서의 자기와 그 이면성

지금까지 살펴본 바와 같이 일본어의 심리술어는 안사람이 자기와 일체화되지 않을뿐더러 자기가 ウチ에 동화될 수도 없다. 여기에는 ウチ와 구별되는 자기의 독자성이 관련되는데, 이러한 자기를 절대적 자기라 한다. 절대적 자기라 함은 간단히 말해 해당 언어표현을 사용하는 언어주체로서의 자기에 다름 아니다. 즉 발화시점(보다 엄밀히 말하자면 中右(1994)에서 말하는 「순간적 현재시(現在時)」로서의 발화시(發話時))에 있어서의 화자를 말한다. 이러한 의미에서 자기라는 개념을 사용한다면 이는 어떠한 언어에도 적용 가능한 보편적 개념이라고 할 수 있을 것이다.

이처럼 보편적으로 적용 가능한 의미로 자기를 규정한다 하더라도 여전히 일본어에서의 자기는 영어를 비롯한 서양어에서의 자기와 같은 불변의 자기라고는 볼 수 없다는 의견 역시 만만치 않게 존재한다. 일례(一例)로 제3절에서도 서술한 인칭대명사에 관한 문제를 들 수 있다. 즉 영어와 같은 언어에서는 화자를 가리킬 때 1인칭대명사인 'I'가 전용 단어로 존재하므로 자기의 독자성이 부각될 수 있는데 반해 일본어에서는 이에 직접적으로 대응하는 단어가 없어 상황에 맞춰 수많은 표현을 선별적으로 사용해야 한다. 따라서 일본어에서의 자기는 상황의존적일 수

밖에 없다. 그러나 이는 화자라는 개념을 단면적으로 파악함으로써 발생하는 편중된, 그것도 서양 쪽으로 심히 경도(傾倒)된 시각이 아닐 수 없다.

이하 본 장에서는 화자라는 보편적 개념으로서의 자기에는 「공적 자기」와 「사적 자기」의 두 가지 측면이 있으며, 영어와 같은 언어는 공적 자기를 중심으로 체계화되어 있는데 반해, 일본어는 사적 자기를 중심으로 체계화되어 있음에 관해 논하고자 한다.

우선 공적 자기라 함은 청자와 대치(對峙)되는 전달의 주체로서의 화자의 측면이며 사적 자기라 함은 청자의 존재를 상정치 않는 사고·의식의 주체로서의 화자의 측면이다. 공적 자기·사적 자기는 「공적 표현·사적 표현」이라는 서로 다른 언어표현의 주체이다. 공적 표현은 언어의 전달적 기능에 대응하는 언어표현이며, 사적 표현은 전달을 목적으로 하지 않는 언어의 사고표시기능에 대응하는 언어표현이다. 공적 표현과 사적 표현의 근본적인 차이는 전자가 청자의 존재를 전제로 하고 있는데 반해 후자는 전제로 하지 않는다는 점에 있다.

언어표현 중에는 명백하게 청자의 존재를 전제로 하는 것이 있다. 그러한 일본어 표현의 전형적인 예로는 「よ」「ね」「わよ」「ぜ」 등의 종조사(終助詞),[1] 「止まれ」 등의 명령표현, 「おい」 등의 호칭(呼稱)표현, 「はい・いいえ」 등의 응답표현, 「です・ます」 등의 정중체(鄭重體) 조동사, 「(だ)そうだ」 등의 전문(傳聞)표현 등이 있다. 이들 청자지향(聽者指向)적 표현은 그 정의상 공적 표현으로밖에 사용될 수 없다. 청자지향적 표현을 포함한 구(句)와 문장도 역시 청자로의 지향성을 갖게 되어 공적 표현으로서 기능한다. 한편 청자지향적 표현을 포함하지 않는 구와 문장은 화자가

---

1) 단, 「よ」나 「ね」는 혼잣말(独り言)에도 자주 등장한다. 혼잣말에 대해서는 제3장, 제5장, 제6장을 참조바란다.

타자로의 전달을 의도로 하지 않는 한 사적 표현에 해당하므로 자신만의 생각을 단순히 표현한 것에 지나지 않는다.

공적 표현은 화자의 전달태도에 관한 것이지만 사적 표현은 화자의 심적 상태에 대응한다. 심적 태도는 사고작용(思考作用)을 표현하는 사고동사에 아스펙트 표식(標識)인「ている」를 붙여 표현된다.「思う」를 비롯한 사고동사는「~と」라는 인용부를 취하며 이 인용부는 사고의 내용을 나타낸다. 사고의 내용만을 나타내는 언어표현의 레벨은 사적 표현이어야 하므로 사고동사는 그 인용부에 사적 표현만을 취해야 한다는 제약을 받는다. 예를 들어 (13)과 (14)를 비교해 보자(이하, 사적 표현을 < >로, 공적 표현을 [ ]로 표기한다).

> (13) a. 春男は, <雨にちがいない>と思っている。
> b. 春男は, <雨だろう>と思っている。
> (14) a. *春男は, [雨だよ]と思っている。
> b. *春男は, [雨です]と思っている。

(13)에서는 밑줄 친 부분의 표현이 확신·추량의 심적 상태를 나타내므로 인용부에는 사적 표현이 등장하고 있으며 문장전체로는 문법적인 문장이다. 이에 비해 (14)에서는 밑줄 부분의 청자지향적 표현이 인용부 전체를 공적 표현으로 만들고 있어 문장전체로는 비문법적인 문장이 된다.

한편,「言う」로 대표되는 발화동사는 사고동사와는 달리 그 인용부에 사적 표현과 공적 표현을 모두 배타적으로 취할 수 있다. 예를 들어 (15)의 경우 공적 표현으로서의 발화가 그대로 인용되어 있다고 판단된다.

> (15) a. 春男は夏子に[雨だよ]と言った。

b. 春男は夏子に[雨です]と言った。

(15)의 인용부는 春男의 夏子에 대한 전달태도와 함께 雨라는 春男의 생각도 같이 전하고 있기 때문에 다음과 같이 春男의 발언을 사적 표현의 형태로도 보고(報告)할 수 있다.

(16) 春男は夏子に＜雨だ＞と言った。

영문법의 화법 구별의 관점에서 말하자면 (15)가 직접화법이며 (16)이 간접화법에 해당한다. 이를 근거로 직접화법을 공적 표현의 인용으로, 반면에 간접화법을 사적 표현의 인용으로 규정할 수 있다(Hirose(1995)). 이에 대해서는 뒤에서 다시 다루기로 한다.

7. 사적 자기중심의 일본어 · 공적 자기중심의 영어

7.1. 일본어와 영어에서의 사적 자기 · 공적 자기

여기서 다시 사적 자기 · 공적 자기에 관한 이야기로 돌아가자면, 일본어는 사적 자기를 나타내는 단어와 공적 자기를 나타내는 단어가 각각 따로 존재한다. 사적 자기는 「自分」이라는 단어로 표시되지만, 공적 자기를 나타내는 단어는 실로 다종다양해 「ぼく · わたし」 등의 일반적인 대명사류를 비롯하여 「お父さん」 등의 친족 명칭이나 「先生」 등의 직업명도 사용된다. 어느 단어를 사용할 것인가는 발화장면에서의 청자와의 관계성에 따라 결정된다(鈴木(1973) 참조). 바로 이 점이 집단모델에서

말하는 자기의 상황의존성이란 개념과 연결되나, 이는 화자의 공적 자기로서의 측면밖에 고려하지 않은 편협한 견해이다. 화자에게는 사적 자기라는 또 다른 얼굴이 존재하여 일본어에서 이를 「自分」이라는 일정불변의 개념으로 나타낸다는 것은 일본어의 본질을 고려함에 있어 극히 중요한 사항이다.

「自分」이 사적 자기를 나타내는 사적 표현이며 「ぼく・わたし」 등이 공적 자기를 나타내는 공적 표현임은 다음의 예에서 관찰되는 허용가능성의 차이에서도 확인할 수 있다.

(17) 自分は天才だという意識
(18) #{ぼく／わたし}は天才だという意識

(17)은 그 자체로 자기 완결적인 표현이며, 「自分」은 해당 의식의 주체, 즉 사적 자기를 가리킨다. 이에 비해 (18)은 적절한 문맥이 없다면 어색한 표현이다. 그 원인은 「ぼく・わたし」가 전달주체로서의 공적 자기를 표현하는 공적 표현이며, 그로 인해 의식의 내적(사적)묘사에는 나타나지 않기 때문으로 판단된다. (18)이 허용되는 경우는 아래 예문처럼 화자가 의식한 내용을 타자에게 전달하는 전달적 상황에 한한다.

(19) {ぼく／わたし}が, {ぼく／わたし}は天才だという意識を持ったのは, ちょうどその時でした。

이 문장에서 두 번째로 등장한 「ぼく・わたし」가 허용되는 것은 문제가 되는 의식을 타자에게 전달하고자 하는 전달주체가 그 의식의 바깥에 존재하여 전달주체로서의 공적 자기가 「ぼく・わたし」와 연결되기

때문이다. 그러나 (18)처럼 적절한 문맥이 제공되지 않은 경우는「ぼ
く・わたし」가 연결되어야 할 공적 자기가 상정될 수 없게 되어 어색한
느낌이 든다. 한편 (17)이 허용되는 것은「自分」이 나타내는 사적 자기
를 해당의식 안에서 상정할 수 있어 그 사적 자기가 의식내용을 의식하
고 있는 경우인 자기 완결적으로 해석될 수 있기 때문이다. 이처럼 (17)
과 (18)의 대립은「自分」이 사적 자기를 나타내는 반면,「ぼく・わたし」
등은 공적 자기를 나타낸다는 주장을 뒷받침한다.

또한 이와 관련하여 다음과 같은 문장에서「ぼく」가 두 가지 의미로
해석될 수 있음을 언급해두고자 한다.

(20) 秋男は, ぼくは泳げないと言っている。

먼저「ぼく」가 秋男를 가리키는 경우는 영어의 직접화법에 해당한다.
한편「ぼく」가 전달자, 즉 문장 전체의 화자를 지칭하는 경우는 영어의
간접화법에 해당한다. 제6절에서 살펴 본 사적 표현・공적 표현에 근거
한 화법의 분석에 따르면 이러한 해석상의 차이는 인용부전체가 공적 표
현인가, 아니면 인용부의 일부인「ぼく」만이 공적 표현인가의 차이에 기
인(起因)한다. 따라서 (20)의 인용부는 다음의 두 형태로 표시될 수 있다.

(21) a. 秋男は, [ぼくが泳げない]と言っている。
    b. 秋男は, <[ぼく]は泳げない>と言っている。

(21a)에서는 인용부 전체가 공적 표현으로 그 주체가 秋男이므로 공적
자기를 나타내는「ぼく」는 秋男와 연결된다. 이에 반해 인용부가 사적
표현인 (21b)에서는 秋男가 사적 표현의 주체이므로 공적 자기인「ぼく」

는 秋男가 아닌 전달자와 연결된다.

(20)과는 대조적으로 사고(思考)동사가 사용된 다음의 문장에서는 「ぼく」의 의미가 명확한 관계로 전달자를 가리키는 해석만 가능하다.

(22) 秋男は、ぼくは泳げないと信じている。

사고동사는 발화동사와 달리 인용부에 사적 표현만을 취할 수 있으므로 (22)에 대한 의미해석은 다음과 같이 표시되어야 한다.

(23) 秋男は、<[ぼく]は泳げない>と信じている。

여기서 공적 표현인 「ぼく」는 (21b)의 경우와 동일한 이유에서 전달자와 연결된다. 만약에 인용부를 秋男자신이 수영을 못한다는 것을 전달하는 내용으로 하고자 한다면 (24)처럼 사적 자기를 나타내는 「自分」을 사용해야 한다.

(24) 秋男は、<自分は泳げない>と信じている。

여기서 「自分」은 반드시 秋男를 가리키며 그 외의 사람을 가리키는 해석은 존재하지 않는다. 이는 사적 표현의 주체가 秋男이며 사적 자기를 나타내는 「自分」은 秋男와 연결되어야하기 때문이다.

언어학자에 따라서는 (24)와 같은 간접화법의 인용부 안에 등장하는 「自分」을 「화자 지시적(logophoric)」 용법으로 정의하고, 예를 들어 「발화, 사고, 의식 등을 나타내는 동사에 종속된 절(節) 안에 사용된 『自分』은 그 발화, 사고, 의식의 발화자, 경험자를 가리키는 기능을 갖는다」(久野

(1978 : 213))고 설명한다. 이러한 화자 지시적 특징은 「自分」이라는 단어
가 본래 공적 자기와는 구별된 사적 자기를 나타내는 특별한 단어라는
점에서 자연스럽게 도출되는 것이다.2)

여기서 주목할 점은 일본어의 경우 「自分」이라는 고유의 단어를 사용
하여 화자가 누구인지에 상관없이 그 사적 자기를 「自分」으로 나타낼
수 있다는 것이다. 따라서 (25)에서 예시하고 있는 바와 같이 「自分」은
어떠한 사람(인칭)에 대해서도 일정불변의 성질을 갖는다.

(25) [ぼく／きみ／あの人]は, 自分は泳げないと言った。

이 사실은 바로 영어의 'I'의 경우 화자가 어떤 사람인가에 관계없이
일정불변하게 사용된다는 것과도 평행적이다. 단지 서로 간에 있어 차이
는 일본어의 「自分」이 사적 자기를 나타내는데 비해 영어의 'I'는 공적
자기를 나타낸다는 것뿐이다. 앞서 살펴본 바와 같이 일본어에서 공적
자기는 「ぼく・わたし」 등을 포함한 다양한 표현으로 나타낼 수 있다.
이는 역설적으로 일본어에 공적 자기를 나타내는 고유의 단어가 없어
누가 누구에게 이야기를 건네고 있는가라는 요인을 기준으로 다양한 단
어가 대용(代用)되고 있을 뿐임을 의미한다. 그 대신에 일본어에는 사적
자기를 나타내는 고유의 단어인 「自分」이 있다.

그에 비해 영어에는 일본어의 「自分」에 해당하는 사적 자기를 나타내

---

2) 「自分」에는 사적 자기를 나타내는 용법 외에도 「冬子は自分が愛した男に裏切られた」와 같
은 시점(視點)적 용법과 「冬子は自分を責めた」와 같은 재귀(再歸)적 용법이 있다. 관서방
언(關西方言) 특유의 「自分」,(「自分(=きみ), どう思う?)은 시점적 용법의 일종이다. 여기서
는 다루지 않으나 廣瀨(1997)와 Hirose(2002) 등에서 논해진 바와 같이 이들 용법은 사적
자기를 나타내는 용법으로부터의 의미적 확장으로 간주된다.

는 고유의 단어가 존재하지 않는다. 이로 인해 영어는 공적 자기인 'I'를 중심으로 한 인칭대명사를 전용(轉用)하여 사적 자기를 표현하는 시스템이 구축되어 있다. 예를 들어 (26)의 직접화법을 간접화법으로 전환하고자 한다면 공적 자기인 'I'를 사적 자기를 나타내는 말로 바꿔야 하나, 주어인 X가 누구를 가리키는지 모르는 상황에서 그것은 불가능하다.

(26) X said, [I can't swim].

영어의 경우 X에 관한 정보가 제공되고 나서야 비로소 사적 자기가 표현될 수 있다. 예를 들어 (27a)처럼 X가 I라면 사적 자기도 I, (27b)처럼 X가 you라면 사적 자기도 you, (27c)처럼 X가 John/Mary라면 he/she라는 식으로 인칭대명사가 사적 자기를 나타내는 데 사용되게 된다.

(27) a. I said <I can't swim>.
　　 b. You said <you can't swim>.
　　 c. {John/Mary} said <{he/she} can't swim>.

이 현상은 일본어의 (25)와는 실로 대조적이라고 할 수 있으며, 영어의 사적 자기를 나타내는 단어의 가변성(可變性)을 보여주는 것이다. 다시 말해 영어에는 사적 자기를 나타내는 고유의 단어가 없는 만큼 해당하는 사적 표현이 1인칭 인물, 2인칭 인물, 3인칭 인물 중 누구인가에 따라 공적 자기인 I를 중심으로 한 인칭대명사가 사적 자기를 나타내는 데 전용된다는 것이다.

7.2. 절대적 자기와 사적 자기·공적 자기의 관계

본 절에서는 제4절에서 도입한 절대적 자기와 사적 자기·공적 자기의 관계에 대해 간단히 설명해두고자 한다. 절대적 자기란 ウチ에 동화된 상대적 자기와는 달리 화자가 그 심리상태를 직접적으로 알 수 있는 자기, 즉 언어주체로서의 화자 자신에 다름 아니다. 사적 자기·공적 자기란 절대적 자기의 각기 다른 2가지 측면으로 볼 수 있다.

제4절에서도 다룬 다음 예에서 절대적 자기는 공적 자기를 나타내는 「わたし」의 지시를 받고 있다.

(28) わたしはうれしい。(=(3a))

한편 (29)와 같은 간접화법은 (28)의 문장이 冬子에 의해 발화된 상황을 보고하는 데 사용되고 있다.

(29) 冬子は, 自分はうれしいと言った。

(29)에서는 인용절의 주어가 절대적 자기이며 「自分」에 의해 표시되어 있다. (29)의 「自分」은 「冬子」라는 3인칭의 선행사와 조응(照應)하고 있으나, 심리술어의 주어가 된다는 점에서 1인칭적 개념임을 알 수 있다. 따라서 이 「自分」은 3인칭대명사인 「彼女」로 바꿀 수 없다(밑에 붙인 'i'는 지시대상이 동일함을 가리킨다).

(30) #冬子iは, 彼女iはうれしいと言った。

결국 절대적 자기는 공적 자기로 등장하는 경우가 있는가하면 사적
자기로 등장하는 경우도 있다는 것이다.

한편 (30)과 달리 다음의 문장은 허용된다.

(31) 彼女は、うれしいと言った。

그러나 이 문장에서 「彼女」는 주절동사인 「言う」의 주어이다. 인용절
내에 심리술어의 주어에 해당하는 표현은 없지만, 「うれしい」라고 느끼
는 사람만이 「うれしい」라고 말할 수 있으므로 그 주어는 「彼女」와 동일
인물로 해석된다. 단, 지시대상은 「彼女」와 같은 사람이더라도 심리술어
는 절대적 자기를 요구하기 때문에 예 (30)의 경우와 같이 3인칭인 「彼女」
를 「うれしい」의 주어와 직접 연결시키는 것은 불가능하다. 위에서 본
바와 같이 간접화법의 인용부에서는 절대적 자아가 사적 자기로 등장하
므로, (31)의 인용절주어를 현재화(顯在化)하려면 다음과 같이 「自分」으로
표현해야 한다.

(32) 彼女は、自分はうれしいと言った。

다시 말해, 「彼女」의 지시대상을 「彼女」로 표현하면 타자로 개념화되
지만, 「自分」으로 표현하면 (사적)자기로 개념화된다는 것이다.

7.3. 일본어 · 영어에서의 자유간접화법

사적 자기와 공적 자기를 언어적으로 어떻게 표현하는가에 관한 일본
어와 영어의 차이는 일본어와 영어의 근본적인 성격의 차이를 반영하고

있다. 일본어에서 사적 자기와 달리 공적 자기를 나타내는 고유의 단어
가 없다는 것은 본래 일본어가 사적 표현행위와 밀접히 연관된 언어임
을 방증한다. 한마디로 일본어는 원칙적으로 비전달적(非傳達的)인 성격을
지닌 언어라는 것이다(동일한 취지의 견해는 熊倉(1990)와 池上(2000, 2007)에도
있다). 그러나 한편으로 언어라는 것은 전달을 위해서도 사용되어야 하므
로 역으로 일본어에는 사적 표현으로부터 독립된 전달전용어(傳達專用語)
가 풍부히 발달하게 되었다고도 볼 수 있다. 즉 일반적으로 일본어를 특
징짓는 다양한 자칭사(自稱詞)와 대칭사(對稱詞), 경어표현(특히 정중체), 나아
가 청자에 대한 발화태도를 나타내는 종조사 등과 같은 공적 표현은, 오
히려 일본어의 비전달적인 성격을 보완하여 전달성을 갖추게 하고자 존
재하는 것이 아닐까라는 생각마저 든다.

  따라서 대개의 일본어 문장은 명시적인 공적 표현이 수반되지 않으면
청자로의 전달이 의도되어 있다고 해석되기 어려운 경우가 많다. 예를
들어 회화장면에서 오늘이 토요일이라는 것을 다른 사람에게 전달할 때
일본어 화자라면 누구나 공적 표현을 포함하지 않은 (33)과 같은 문장을
사용해 말하는 경우는 거의 없을 것이다(Matsumoto(1989)). 이러한 경우 종
조사인 「よ」와 정중체인 「です」 등을 사용하여 (34a) 혹은 (34b)처럼 말
하는 것이 보통이다.

  (33) 今日は土曜日だ。
  (34) a. 今日は土曜日だよ。
      b. 今日は土曜日です。

(33)과 같이 공적 표현이 없으면 화자가 자기 자신에게 들려주고 있는
듯한 느낌이 든다. 물론 자신에게 들려주는 것과 동일한 표현이 가능할

정도로 친밀한 상대라면 (33)을 사용할 수도 있으나 그러한 상황은 극히
제한적이라고 생각된다. 즉 일본어의 경우 생각을 단순히 언어화했을 뿐
인 문장은 통상 사적 표현으로 해석되므로 이를 타자에게 전달하기 위
해서는 타자와의 대인관계 등을 고려한 공적 표현을 사용함으로써 합당
한 전달성을 부여하지 않으면 안 된다는 것이다.

이에 비해 영어문장인 (35)는 청자가 누구인가에 상관없이 — 선생, 동
료, 친구, 강연에서의 청중 등을 막론하고 — 그대로의 형태로 전달이 가
능하다(Matsumoto(1989)).

(35) Today is Saturday.

이는 바로 영어에서 공적 자기를 나타내는 고유의 단어인 I가 청자에
상관없이 일정불변한 존재라는 사실과도 평행적이며 영어가 본래 공적
표현행위와 밀접히 연관된 언어이기 때문으로 판단된다. 다시 말해 영어
는 근본적으로 전달적 성격을 지닌 언어라는 것이다.

따라서 영어의 경우 소설 등에서 전달행위로부터 독립된 인간심리의
내면묘사를 위해 자유간접화법(혹은 묘출화법)이라 불리는 특별한 문체가
사용되기도 한다. 구체적인 예는 뒤에서 다루기로 하나 간단히 말해 자
유간접화법의 특징은, 어순과 this/here/now와 같은 이른바 직시적 표현
등은 직접화법 그대로 두고, 대명사의 인칭과 동사의 시제만을 간접화법
화하는 데 있다. 영어와 같은 서양어에서 이러한 문체가 얼마나 특별한
것인가는 이에 관한 문체론적 연구가 상당수에 이른다는 사실만으로도
미루어 짐작할 수 있다(예를 들어 Banfield(1982), Fludernik(1993) 등을 참조).

그러나 일본어에서도 자유간접화법 등의 현상은 본래 그다지 문제가

될 만한 성질의 것은 아니다. 그도 그럴 것이 일본어는 이미 서술한 바와 같이 원래 사적인 성격을 지닌 언어인 관계로 심리묘사를 할 때도 청자지향의 공적 표현만 사용하지 않는다면 그 형태 그대로 내적 의식을 표현할 수 있기 때문이다. 이의 예시를 위해 자유간접화법에 상당하는 일본어의 예와 그 영역(英譯)을 비교해 보자. (36)의 두 예는 三浦綾子의 『塩狩峠』에서 인용한 것으로 밑줄 부분은 信夫라는 주인공의 내적 의식을 묘사한 부분이다.

> (36) a. 信夫は必然という言葉を思った。<u>自分は必然的な存在なのか、偶然的存在なのか。</u>
>
> b. 信夫は[聖書の一節を]くり返して二度読んだ。<u>自分ははたして他の人のために命を捨てるほどの愛を持つことができるだろうか。</u>

이 두 문장은 Bill and Sheila Fearnehough가 공역(共譯)한 영어판 Shiokari Pass에서는 다음과 같이 기술되어 있다. 참고로 이탤릭체 부분이 자유간접화법이다.

> (37) a. Nobuo remembered the word 'necessity'. *Was his existence a matter of necessity or a matter of chance?*
>
> b. Nobuo read this passage [of the Bible] through again. *Did he really have enough love for somebody else to throw away his life for them?*

(36), (37)에서 「自分」과 he(his)는, 信夫의 사적 자기를 나타낸다는 점에서는 동일하나, 그 표현의 사용권한이 누구에게 귀속(歸屬)되는가라는 점에서는 상이(相異)하다. 「自分」은 사적 자기와 관련된 사적 표현이므로 (36)에서 「自分」이란 단어를 사용하는 자(者)는 이 소설의 내레이터

(narrator)가 아닌 信夫이다. 이와는 대조적으로 (37)에서의 단어 he(his)의 사용권한은 信夫가 아닌 내레이터로 귀속된다. 그러나 통상적인 문장과는 달리 여기서 의문을 제시하는 자는 내레이터가 아닌 信夫이다. 다시 말해 (37)에서의 자유간접화법 부분은 信夫 자신의 내적의식을 표현하고 있으며, 그에 대해 3인칭이라는 틀을 부여하고 있는 자는 다름 아닌 내레이터라는 것이다. 영어의 경우 信夫가 사적 자기의 시점에서 자기 자신을 표현할 수 있는 고유의 단어가 존재하지 않으므로 공적 자기로서의 내레이터 시점이 개입하게 된다. 또한 내레이터의 입장에서 信夫는 3인칭이므로 he(his)를 사용하여 信夫의 사적 자기에 대해 언급할 수밖에 없다. 이러한 일본어와 영어의 차이를 낳는 주된 원인으로 일본어에는 사적 자기를 나타내는 고유의 단어가 있으나 영어에는 없다는 점을 지적할 수 있다.

다음으로 (36)과 (37)의 시제에 대해서 살펴보도록 한다. (36a, b)의 처음 문장이 과거형인 것은 그 부분이 내레이터의 내레이션 문장이며 이 소설 내의 내레이션이 과거시제로 이루어졌기 때문이다. 이 점은 영어 버전인 (38)에서도 동일하다. 한편 (36)의 밑줄 부분은 현재형(엄밀히는 비과거형)이다. 이는 밑줄 부분이 信夫의 내적 의식을 信夫자신의 사적 표현으로 표현했기 때문으로 현재시제는 信夫의 의식 안에서의 현재에 직접 대응할 뿐만 아니라 내레이터의 내레이션에서도 분리된다. 즉 일본어의 경우 사적 표현 내의 시제는 사적 자기와 결합된다는 것이다.[3] 그에 비해 영어 버전인 (37)에서는 信夫의 의식 안에서의 현재가 과거형으로 표

---

3) 본서에서는 일본어에 있어 과거시제와 현재시제(혹은 비과거시제)를 인정하는 입장을 취하고 있으나, 이른바 「タ」형과 「ル」형의 기능에 대해서는 다양한 시각이 있다. 상세한 검토는 Hasegawa(1999)를, 그리고 영어의 시제와의 비교는 和田(2001)를 참조바람.

현되고 있다. 여기에서도 인칭대명사의 경우와 마찬가지로 공적 자기로
서의 내레이터에 의한 개입이 있다. 즉 영어의 경우 인칭대명사가 그러
하였듯이 시제 역시 공적 자기와 결부되어 해석되는 체계로 판단된다.
(37)의 자유간접화법 내의 시제는 엄밀히 말해「과거에 있어서의 信夫의
현재」를 나타내고 있다.「과거에 있어서의 信夫의 현재」는 信夫의 (과거
의)사적 자기의 관점에서는 현재로 이해될 수 있으나, 공적 자기인 내레
이터 입장에서는 과거로 파악될 수 있다. 따라서 영어에서는 信夫의 의
식 안의 현재가 과거형으로 표현되는 것이다.

   (36), (37)에 관한 고찰을 통해 일본어는 사적 자기의 의식이 그 의식
안에서 자기 완결적으로 서술될 수 있음을 알 수 있다. 이는 7.1절의 모
두(冒頭)에서 본 예(17)의 경우도 마찬가지로 일본어가 사적 자기중심의
언어임을 뒷받침한다. 이에 비해 영어의 자유간접화법은 인칭대명사와
시제의 측면에서 내레이터의 개재(介在)없이는 성립이 불가능하다. 이는
영어가 사적 자기가 아닌 공적 자기를 중심으로 한 체계이기 때문이다.

8.「알몸(裸)」으로서의 개인과「의복(衣服)」으로서의 집단

   앞 절에서 논한 바와 같이 영어의 I에 해당하는 일정불변의 자기를 일
본어에서 구하고자 한다면 그것은「自分」의 개념일 것이다. 단 영어의
I는 공적 자기를, 일본어의「自分」은 사적 자기를 나타낸다는 차이는 존
재한다. 영어는 화자가 누구인가에 상관없이 공적 자기를 I로 나타낼 수
있는 것처럼 일본어에서는 화자에 상관없이 사적 자기를「自分」으로 나
타낼 수 있다.

한편 일본어에는 공적 자기를 나타낼 수 있는 고유의 단어가 존재하지 않는다. 그러나 영어를 포함한 서양어의 인칭대명사의 체계는 공적 자기중심의 체계이기에 이를 일본어에 그대로 적용하게 되면 자기는 타자 의존적이며 가변적인 것으로 비치기 쉽다. 그리고 바로 이것이 집단모델에서 주장하는 상대적인 자기를 뒷받침하는 하나의 근거가 된다. 집단모델이 고찰대상으로 삼는 언어현상은, 제3절에서 본 바와 같이, 언어의 전달기능에 관한 공적 표현레벨에 초점이 맞춰져 있어 전달을 의도하지 않는 사적 표현레벨은 간과되고 있다. 그러나 내적 의식에 대응하는 사적 표현레벨을 고찰해보면 「自分」이란 단어에 의해 표현되는 일정불변의 자기를 발견하게 된다.

「自分」이 나타내는 사적 자기는 소위 「알몸(裸)」의 자기이며, 공적 자기를 가리키는 「ぼく」 「わたし」 「お父さん・お母さん」 「先生」 등의 표현은 장면에 맞춰 바꿔 입는 「의복(衣服)」과 같은 존재로 볼 수 있다(똑같은 맥락에서 영어의 I는 결국 획일적인 제복이라고 할 수 있을 것이다). 따라서 집단모델에서 말하는 일본인에 있어서의 자기의 상황의존성이란 「의복의 상황의존성」이라고도 바꿔 말할 수 있을 것이다. 다시 말해 ウチ와 ソト의 구별 등에 따라 변하는 것은 자기 자신이 아닌 자기가 걸친 의복에 다름 아니라는 것이다. 그러나 이러한 의복의 상황의존성이 자기의식의 결여를 의미하는 것은 결코 아니다. 왜냐하면 의복을 벗어버리면 거기에는 개인으로서의 의식 주체인 「自分」만이 남기 때문이다. Reischauer(1950 : 143)에 따르면 개인으로서의 일본인은 상당히 자의식이 강하다. 이는 일본인이 장면에 따라 의복을 바꿔 입지 않으면 안될 만큼, 그에 못지않게 변하지 않는 자기를 의식하는 경향이 강해서이기 때문이 아닐까?

여기서 주목하고자 하는 점은 예를 들어 (38)에서처럼 본래 사적 자기

를 나타내는 「自分」이 공적 표현으로 사용되어 공적 자기를 나타내게
되는 경우가 있다는 것이다.

  (38) 自分は, そのことについては何も知りません。

  이 문장은 정중체인 「ます」가 사용되고 있다는 점에서 청자의 존재를
전제로 한 공적 표현이지만 이처럼 「自分」이 공적으로 사용되게 되면
다소 독특한 뉘앙스를 띠게 된다. 이는 사적 자기인 「自分」이 아무런 의
복도 걸치지 않은 알몸의 상태로 대화상대자의 면전에 그대로 노출되는
것과 같기 때문이다. 즉 일반적인 회화장면에서 공적 자기를 나타낼 때
「自分」을 사용하게 되면 그것은 바로 알몸으로 다른 사람 앞에 나서는
것만큼 기이(奇異)하게 비쳐진다는 것이다. (38)과 같은 예는 대다수의 일
본인에게는, 군대에서 상관과 대화하는 군인이라든가, 운동부·응원단
등에서 선배와 이야기를 나누는 거친 남자부원을 연상케 한다. 이러한
상황에서는 상관이나 선배에 대한 충성심이 기대되므로 암묵의 전제로
서 상관·선배에게 자신의 모든 것을 숨김없이 드러내 일말의 꾸밈이나
거짓이 없다는 것을 보여주지 않으면 안 될 것이다. 고로 (38)에서의 「自
分」은 이러한 상황과 쉽게 결부된다고 판단된다. 이에 비해 일상적인 대
화장면에서는 충성심이 아닌 정중함의 원칙이 중요시되는 바, 다른 사람
앞에서 알몸인 자신을 그대로 드러내면 안 된다는 것이 암묵의 전제가
된다. 이는 다른 사람 앞에서 걸맞은 의복을 걸치지 않으면 실례가 된다
는 점과 일맥상통한다. 요컨대 (38)과 같은 「自分」의 공적 용법은 대화
상대자에 대한 충성심을 나타내는 특별한 용법이며, 이는 사적 자기인
「自分」이 지닌 「알몸」의 개인으로서의 성격이 그대로 유지되기에 가능

한 것이다. 이처럼 진정으로 자신을 드러내 보이는 행위는 실은 경어사용의 영역에서도 일종의 방책(方策, Strategy)으로 사용될 수 있는데, 이 점에 대해서는 제5장에서 상세히 논하도록 한다.

더불어 여기서 또 하나 주의할 점은 다음의 (39)에서는 (38)에서와 같은 이상함이 전혀 느껴지지 않는다는 것이다.

(39) 自分は, そのことについては何も知らない。

(38)과의 차이는 정중체인 「ます」의 등장여부에 있다. 따라서 (39)는 청자지향의 표현을 포함하지 않는 사적 표현으로 사적 자기의 내적의식을 묘출(描出)하고 있다고 해석될 수 있다. 「自分」이 (39)에서 자연스럽게 느껴지는 것은 바로 이러한 연유에서다.[4]

부언(附言)하자면 (38)의 예에서와 같은 「自分」의 용법에 대해 흥미로운 기사가 신문에 게재된 적이 있다.[5] 1996년 8월 14일자 아사히(朝日)신문의 칼럼 「天声人語」에서는 이러한 「自分」이 고등학교 야구부원 등의 젊은이들 사이에서 흔하게 사용되고 있다는 현상에 대한 지적과 함께, 본래 군대에서 사용되었던 용어라 걱정이라는 필자의 감상이 실려 있었다. 하지만 그 후 이를 반박하는 내용의 투고문이 60대 전후부터 80대 사이 연령대의 남성독자로부터 쇄도하였다는 사실이 같은 해 8월 19일자 동 칼럼에 소개되었다. 투고문의 내용은 군대에서의 경험에 따라 차

---

4) 森(2008)은 『源氏物語』를 대상으로 중고어(中古語)에 있어서의 사적 자기·공적 자기 표현에 대해 고찰하고 있다. 森에 따르면 중고어에서의 「自分」에 해당하는 사적 자기를 나타내는 말에는 「われ」와 「おのれ」가 있었다고 한다. 공적 자기는 「まろ」, 「なにがし」, 「ここ」 등에 의해 표현되었으며 본서의 「自分」과 같이 사적 표현인 「われ」, 「おのれ」가 공적 자기로 전화(轉化)된 용법이 자주 등장하였다.
5) 이는 長沼圭一씨의 지적에 근거한다.

이가 있는 듯하나, 한마디로 「自分」은 기본적으로 육군의 용어이며 해군에서는 사용된 적이 없다는 것이었다. 반면에 육군에서 복무하던 시절 한 번도 들어본 적이 없었다는 내용의 투고문도 있었다고 한다. 이들을 종합적으로 고려해 보면 (38)과 같은 「自分」의 용법이 군대와 연관성이 있음은 그것이 실제로 군대에서 사용되었기 때문이라기보다는 군대에 대해 우리들이 일반적으로 갖고 있는 이미지가 위에서 지적한 「自分」이 갖는 의미와 합치(合致)하기 때문으로 보는 편이 그 진상(眞相)을 이해하는 데 보다 도움이 될 것이다.

9. 정리

본 장에서는 일본어에 반영된 일본인의 자기 개념이 집단모델에서 말하는 ウチ라는 집단에 동화된, 상대적이면서도 유동적인 개념인지 여부에 대해 고찰하였다. 확실히 친족지시어, 수수동사, 경어 등의 언어현상만을 놓고 보았을 때 일본어에서의 ウチ와 ソト의 대립은 나름의 의미를 갖는다고도 볼 수 있다. 하지만 그렇다고 해서 일본인의 자기가 ウチ에 동화되어 상황에 따라 항상 변화하는 것만은 아니라는 점에 대해서도 논하였다. 우선 일본어에서의 심리술어를 둘러싼 여러 현상을 고찰함으로써 ウチ에 동화되지 않는 절대적 자기의 존재를 제시하였고 나아가 그와 같은 맥락에서 자기와 타자의 구별이 ウチ와 ソト의 구별보다도 우위에 선다는 사실에 대해서도 논하였다.

ウチ에 동화되지 않는 절대적인 자기라 함은 언어를 사용하는 언어주체로서의 자기이며 이는 보편적인 개념이다. 그러나 이러한 보편적 개념

으로서의 자기에는 공적 자기와 사적 자기의 이면성이 존재하는 바, 일본어에서 자기의 개념을 고려할 때 그 구별이 극히 중요함을 지적하였다. 또한 영어를 비롯한 서양어가 공적 자기중심의 체계인데 반해 일본어는 본질적으로 사적 자기중심의 체계라는 점에 대해서도 논하였다. 집단모델에서는 사회적 대인관계가 연관된 공적 표현만을 고찰의 대상으로 삼는다. 그러나 본 장에서는 공적 표현의 배후에서 내적의식에 대응하는 사적 표현을 통해 「自分」이라는 단어로 표현되는 일정불변의 자기를 발견할 수 있음에 대해서도 논하였다.

이상 본 장에서 논한 바와 같이 심리술어 및 사적 자기를 둘러싼 언어현상은 일본어의 본질과 관련된 중핵(中核)적인 현상이다. 그러나 이러한 고찰만으로는 일본인이 집단주의적이라는 견해를 지지(支持)할만한 논거는 전혀 얻을 수 없다. 오히려 그로부터 부각되는 일본인상은 집단주의와는 정반대의, 타자의 개입을 허락하지 않는 내적 자기의식에 바탕을 둔 극히 개인적인 존재일 뿐이다.

또한 이런 맥락에서 일본어의 경우 대인관계에 따라 선별적으로 사용해야만 하는 언어표현이 왜 이리도 많은 것인가라는 물음에 대해서도 원리적인 설명이 가능하다. 이는 결국 개인으로서의 내적 자기의식이 강하면 강할수록 그를 위해 오히려 대인관계에 더욱 민감해지지 않으면 안 되기 때문이다. 바로 이러한 역설적인 이면성 안에 일본인의 표현구조의 본질이 숨겨져 있는 것이다.

제2장

대명사를 사용하지 않는 것과 자기지향성

1. 들어가며

제1장에서 살펴본 바와 같이 일본인을 집단주의적이라 규정짓는 집단 모델에서는 일본어에 영어의 I에 해당하는 고정된 1인칭대명사가 없으며, 청자와 상황에 맞춰 「ぼく」「わたし」「おばさん」「お父さん」「先生」 등의 단어를 선별적으로 사용해야 한다는 사실이 일본인의 자기의식의 유동성을 나타내는 증거로 종종 받아들여지곤 한다. 또한 일본어는 실제 발화에서 I에 상당하는 1인칭표현을 생략하는 경우가 많다는 사실도 있다. 이러한 특징은 집단모델에서는 개인으로서의 자아의식이 일본어화자에 결여되었음을 나타내는 증거로 간주된다(木村(1972), 荒木(1973), Lebra (1992) 등). 예를 들어 일본인의 행동양식이 타율(他律)과 집단의 논리에 의해 지배되고 있다고 보는 荒木(1973 : 119-120)는 다음과 같이 주장한다.

他律はすなわち自我の不在につながる。自我の不在は外的, あるいは内的な
る誘因によってつねに変化しうる自己を意味している。[中略]この自我の不在
をもっとも端的に裏付けているものは, 日本語に自己を指示する一人称代名詞
が多く存在するという言語的事実である。印欧語にあっては, 一人称代名詞は
英語のI, ドイツ語のichのように原則としてただひとつであり, 文中にあって省
略されることがないのに対して, 日本語にあってはその性別, 年齢, 社会的ステ
イタス, 対話の相手, あるいは心の動きなどによってつねに可変的であるばかり
でなく, 文中にあってもまったく省略されてしまう例の多いのも, 日本人の他律
性とかかわる自我の不在と, 決して無関係ではないと思われるのである。

(타율은 다름 아닌 자아(自我)의 부재로 이어진다. 자아의 부재는 외적,
혹은 내적인 유인(誘引)에 의해 항상 변화될 수 있는 자기를 의미한다.
[중략] 이러한 자아의 부재를 가장 단적으로 뒷받침하는 것은 일본어에
자기를 가리키는 1인칭대명사가 다수 존재한다는 언어적 사실이다. 인도
유럽어의 경우 1인칭대명사는 영어의 I, 독일어의 ich와 같이 원칙적으로
오직 하나만 존재하며 문장 내에서 생략되는 일이 좀처럼 없는 데 반해
일본어에서는 성별, 연령, 사회적 지위, 대화의 상대, 혹은 마음의 움직임
등에 따라 항상 가변적일뿐만 아니라 문장 내에서도 완전히 생략되어 버
리는 예가 많은 것도 일본인의 타율성과 관련된 자아의 부재와 결코 관
계가 없다고는 생각되지 않는다.)6)

제1장에서는 화자를 공적 자기와 사적 자기로 해체함으로써 자기를
지칭하는 단어가 일정치 않음을 근거로 자기의 유동성을 섣불리 결론내
린 집단모델의 문제점을 지적하였다. 구체적으로 일본어는 공적 자기를
나타내는 단어가 가변적이나 사적 자기를「自分」이라는 일정불변의 개
념으로 나타낸다는 것, 그에 비해 영어의 경우 공적 자기는 일정불변의
I로 나타내지만 사적 자기를 나타내는 단어는 가변적임을 지적하였다.

---

6) 예문의 한국어역은 역자에 의함을 밝힌다. 이하동문.

이러한 일본어와 영어의 차이는 자기의 불변성이 확립되는 단계가 공적 자기레벨에서인가 아니면 사적 자기레벨에서인가에 달려있다.

그렇다면 일본어에서 1인칭대명사를 생략하는 경우가 많다는 특징은 집단모델에서의 주장처럼 일본어화자의 자아의식의 결여를 시사(示唆)한다고 볼 수 있을까? 필자는 본 장에서의 논의를 통해 일본어에서 1인칭대명사가 사용되지 않는 것은 자아의식의 결여를 시사한다기보다는 오히려 그와는 정반대로 일본어의 강한 자기지향성을 보여주는 결정적 증거에 다름 아님을 주장하고자 한다.

이를 위해 본 장에서는 인지언어학적 관점에서 「주체화(主體化)·객체화(客體化)」에 관한 일본어와 영어의 차이를 주로 다루도록 한다. 주체화·객체화란, 화자에 의한 주관적 혹은 객관적 상황파악을 말하며, 특히 이들은 1인칭대명사의 사용여부에 반영된다. 제2절에서는 인지언어학(認知言語學)적 시점을 도입한 최근의 일본어·영어 대조연구에 근거하여 1인칭대명사가 사용되지 않을 때 관찰되는 주체화의 정도가, 일본어가 영어에 비해 강하다는 점을 지적하고자 한다. 제3절에서는 그 원인을 고찰하는 한편, 일본어·영어에서의 자기와 타자의 관계에 대해 논한다. 일본어의 경우 대명사 전반이 보통 생략가능하다는 점, 1인칭이 특별취급을 받는다는 점 등은 일본어가 사적 자기중심의 언어라는 점에서 설명이 가능하다. 또한 사적 자기중심의 일본어는 자기를 타자보다 우위에 둔다는 점에서 자기지향성이 강한(따라서 주체성이 강한) 언어인데 반해 공적 자기중심의 영어는 자기를 타자와 동등한 위치에 둔다는 점에서 타자지향성이 강한(따라서 객체성이 강한) 언어라는 사실도 밝히도록 한다. 제4절에서는 영어의 경우도 자기지향성이 강한 특별한 문맥에서는 일본어와 상당히 유사한 현상이 관찰된다는 점에 대해 일기(日記)영어의 주어생

략현상을 들어 고찰한다. 제5절에서는 일본어에서 대명사를 필요 이상
으로 사용할 경우, 타자지향성이 강한(즉, 남의 일과 같은 인상을 주는) 문체
가 되어 일본어답지 않은 문장이 됨을 지적하고자 한다. 역으로 일본어
에서 대명사를 사용하지 않는 것은 강한 자기지향성과 표리일체(表裏一體)
의 관계를 이룬다고 볼 수 있다.

2. 일본어 · 영어와 주체화의 정도

우선 본서의 주체화(subjectification)의 개념에 대해 간단히 알아보고자
Langacker(1990)에서 인용한 다음의 예를 살펴보도록 한다.

> (1) a. Vanessa is sitting across the table from Veronica.
>   (바네사는 테이블을 끼고 베로니카의 맞은 편에 앉아 있다.)
>   b. Vanessa is sitting across the table from me.
>   (바네사는 테이블을 끼고 내 맞은편에 앉아 있다.)
>   c. Vanessa is sitting across the table.
>   (바네사는 테이블의 맞은편에 앉아 있다.)

(1)의 예는 모두 바네사가 어디에 앉아 있는가를 서술하는 문장이다.
(1a)는 바네사의 위치를 바네사를 기점(基点)으로 기술하고 있으며, 그 상
황에 화자가 관여하지 않는다는 점에서 가장 객관적인 묘사이다. 이에
비해 (1b, c)에서는 바네사를 위치 짓는 기점이 화자이며 그러한 의미에
서 화자는 상황에 관여하고 있다고 볼 수 있다. 상황에 관여하고 있는
화자를 (1b)와 같이 from me의 형태로 언어적으로 표현하게 되면 me가

나타내는 화자는 기술된 대상 쪽에 놓이게 되므로 결과적으로 그 상황 자체도 언어주체로서의 화자가 관여되지 않은 객관적인 의미로 해석된다. 이와 같은 상황으로 적합한 것은 바네사와 화자가 함께 찍힌 사진에 대해 설명하는 경우이다.

한편 (1c)와 같이 기점이 언어적으로 명시되어 있지 않은 경우 기점은 언어주체로서의 화자 자신과 연결된다. 이 때 화자는 자기 자신이 속해 있는 상황을 기술하고 있으므로 주관적인 묘사로 볼 수 있다. 주체화란 이러한 언어주체에 의한 주관적인 상황파악을 말한다.

森(1988)는 주체화의 현상을 1인칭대명사의 사용여부의 관점에서 재분석하여 1인칭대명사를 사용하지 않음으로써 화자는 자기 스스로가 기술한 「사태에 몰입하게 된다」라는 견해를 제시하였다. 그에 따르면 1인칭대명사의 생략이 자유롭지 않은 영어의 경우, 주체화는 유표(有標)적 현상으로 당연히 「주체화」라고도 부를 수 있으나, 보통 1인칭대명사를 사용하지 않는 일본어의 경우 주체화는 오히려 무표(無標)적 현상이다. 영어에서 주체화를 문제로 삼는다면 일본어에서는 주체화와는 반대된, 객관적인 상황파악으로서의 「객체화」(objectification)를 문제 삼지 않으면 안 된다. 이를 근거로 森는 다음과 같은 일반화를 제시하고 있다.

(2) a. 英語では，主体を客観的に述べるのが無標であり，主体が事態に没入
　　　しているように述べるのは有標。(＝無標から有標への「主体化」)
　　　(영어에서는 주체를 객관적으로 서술하는 것이 무표이고 주체가
　　　사태에 몰입해 있는 듯이 서술하는 것은 무표. (＝무표로부터 유
　　　표로의 「주체화」))
　 b. 日本語では，主体が事態に没入しているのが無標であり，主体を客観
　　　的に述べるのが有標。(＝無標から有標への「主体化」)

(일본어에서는 주체가 사태에 몰입해 있는 것이 무표이며 주체
를 객관적으로 서술하는 것이 유표(=무표로부터 유표로의 「객체
화」))

(森(1998 : 192))

예를 들어 다음에 대해 살펴보도록 하자.

(3) a. ほら, 歩いている(でしょ)。歩いている(でしょ)。
   b. ほら, 彼が歩いている(でしょ)。歩いている(でしょ)。
   c. ほら, わたしが歩いている(でしょ)。歩いている(でしょ)。

森의 일반화처럼 질병 등으로 걸을 수 없는 상태의 사람이 걸을 수 있
게 되었을 때의 발화로는 대명사를 사용하지 않는 (3a)와 같은 표현을
사용해야 한다. 한편으로 타자에 대해서는 「彼」 등의 대명사를 사용하여
(3b)와 같이 말할 수 있다. 그러나 1인칭에 대해서 (3c)와 같이 말하게
되면 그것은 비디오나 사진 안에서 걷고 있는 모습을 보고 난 후의 발언
으로 해석된다. 이는 森에 의하면 1인칭대명사를 사용함으로써 상황을
객관적으로 파악하는 객관화가 일어나기 때문이다. 이와는 대조적으로
주어의 생략이 자유롭지 않은 영어에서는 (3a)도 (3c)도 I am walking.이
며, 이는 타자에 관해 He is walking.이라고 하는 것과 동일한 기술양식
이다. 이는 영어의 경우 주체를 객관적으로 서술하는 것이 무표라는 점
에 기인한다.

森(1998)와 동일한 취지의 논의는 Uehara(1998), 西村(2000), 池上(2000,
2007), 坪元(2002), 本田(2005) 등에서도 찾아볼 수 있다. 예를 들어 西村
(2000 : 148)는 다음의 예를 들어 영어에서는 지각(知覺)구문의 지각주체는

명시되나, 일본어에서는 표현되지 않는다는 점에 주목하고 있다.

(4) a. I (can) see a bus over there.
    b. 向うにバスが見える(맞은편에 버스가 보인다)。
(5) a. I heard a strange noise somewhere in the house.
    b. 家のどこかで変な物音が聞こえた(집 어디에선가 이상한 소리가
        들렸다)。
(6) a. I could smell (something) burning.
    b. 何かが焦げるにおいがした(뭔가 타는 냄새가 났다)。

물론 일본어에서도 1인칭대명사를 사용하여 (7)-(9)와 같이 말할 수는
있으나 그러한 경우 西村(2000 : 149)가 지적한 바와 같이 「다른 사람에게
는 둘째 치고 이런 나에게」라는 특별한 의미가 부여된다.

(7) わたし(に)は, 向うにバスが見える。
(8) わたし(に)は, 家のどこかで変な物音が聞こえた。
(9) わたし(に)は, 何かが焦げるにおいがした。

따라서 (4b)-(6b)는 (7)-(9)에서 「わたし(に)は(나(에게)는)」가 생략된 문장
으로 간주되어서는 안 된다. 그렇게 되면 지각경험의 당사자인 화자를
명시하지 않는 일본어는 그를 명시하는 영어보다 주체화의 정도가 강하
다는 것이 되기 때문이다.

土居(2000 : 162)도 1인칭대명사를 사용하지 않는 점에 대해 다음과 같
은 흥미로운 관찰을 행하고 있다.

私が思うに, それ[精神病理学者の木村敏氏が展開する一人称的自己論(木村
1990)にとって日本語が好都合であること]は日本語では欧米語におけるように

一人称の代名詞をしょっちゅう使わないということと関係がある。たとえば,
「これから木村教授のお仕事を取り上げてみようと思います」というとき，欧米
語だったら必ずそこにあるはずの一人称の代名詞が日本語では入らない。これ
はしかし省いているのではない。その証拠にあえてそこに一人称の代名詞を挿
入すると，文章全体のニュアンスが微妙に変わってしまう。実は言葉としては
一人称の代名詞がなくてもこの文章の中には一人称が隠れているのであって，
それは「木村教授のお仕事を取り上げる」という話し手の意識の中に存在してい
るということができる。

(내가 생각하기에 그것[정신병리학자인 기무라 빈씨가 전개한 1인칭적
자기론(木村(1990))에 있어 일본어가 적절하다는 것]은 일본어의 경우 인
도유럽어에 비해 1인칭대명사를 자주 사용하지 않는다는 점과도 관계가
있다. 예를 들어 「지금부터 기무라교수의 업적을 들어보도록 하겠습니다」
라고 할 때 인도유럽어라면 반드시 거기에 있어야 할 1인칭 대명사가 일
본어에서는 등장하지 않는다. 그러나 이는 생략하고 있는 것이 아니다.
그 증거로 거기에 1인칭 대명사를 삽입해보면 문장전체의 뉘앙스가 미묘
하게 바뀌어 버린다. 실은 1인칭 대명사가 없더라도 이 문장 안에는 1인
칭이 숨겨져 있어 「기무라 교수의 업적을 듣다」라는 화자의 의식 안에
존재하고 있다고 볼 수 있다.)

위의 인용 중 「화자의 의식 안에」 1인칭(으로서의 자기)이 존재한다는
지적이 특히 시사적이다.

3. 일본어 · 영어에서의 자기와 타자의 관계

1인칭대명사가 사용되지 않을 때 나타나는 이상과 같은 일본어의 특
징에는 아래의 2가지 현상이 관여한다. 먼저 일본어에는 주어 · 목적어
등의 문법항(文法項)의 생략이 가능하다는 점이다. 또 다른 하나는 1인칭,

즉 자기가 특별취급을 받는다는 점이다. 이러한 2가지 요인은 표리일체의 관계를 이루는 것으로 어느 쪽도 일본어가 사적 자기중심의 언어라는 점에서 설명이 가능하다.

3.1. 일본어의 문법항의 생략가능성

우선 주어와 목적어 등의 문법항의 생략가능성에 대해 생각해보자. 여기서의 가설은 제1장에서 논한 바와 같이 영어는 공적 자기중심의 언어이며 전달성이 강한 언어임에 반해, 일본어는 사적 자기중심의 언어이며 영어보다 비전달적인 성질이 확연한 언어라는 점이다.

타자로의 전달을 중시하자면 「누가 무엇을 하였다」라는 정보를 전달할 때 「누구」와 「무엇」부분을 생략하게 되면 타자가 그 정보를 정확히 이해하지 못할 수 있으므로 그 부분을 명시함이 바람직하다. 영어의 경우 그러한 요구를 만족시키는 형태가 무표이다. 또한 이탈리아어, 스페인어와 같은 언어에서는 주어가 생략되더라도 동사에 인칭·수에 따른 굴절(屈折)변화가 명시되기 때문에 그것이 명시적 주어와 동등한 기능을 수행한다.7)

한편 타자로의 전달을 의도하지 않고 단순히 의식이나 생각을 말로 표현하는 것만을 고려한다면 「누가 무엇을 하였다」에서 「누가」와 「무엇」

---

7) 예를 들어 이탈리아어의 규칙동사 parlare(말하다)의 직설법현재형은 다음과 같이 변화한다.

	단수	복수
1인칭	parl-o	parl-iamo
2인칭	parl-i	parl-ate
3인칭	parl-a	parl-ano

부분은 의식주체가 이미 그에 대해 알고 있는 경우 굳이 언어화할 필요가 없다. 주체가 알고 있는 것, 즉 전제로 하고 있는 것은 언어화하지 않는 형태가 일본어에서는 무표이다.

이 점과 관련하여 池上(2000, 2007)는 생략이 누구의 입장에서 복원이 가능한가라는 측면에서 일본어와 영어는 상이하다고 보고, 영어에서는 「청자 쪽에서 복원가능」하다는 「다이얼로그적 담화」에 특징적 원칙이 작용하는데 반해 일본어에서는 「화자 쪽에서 복원가능」하다는 「모노로그적 담화」에 특징적 원칙이 작용한다고 설명하고 있다. 이러한 池上의 견해는 본서에서의 설명과 궤를 같이 한다. 池上가 말하는 「다이얼로그적」과 「모노로그적」의 대립은 커뮤니케이션이 갖는 두 양식을 대변하는 것이지만(池上(2000 : 285, 2007 : 276), 그 자체에 대한 상세한 분석은 이루어지지 않았다(본서에 등장하는 「혼잣말(独り言)」분석에 관해서는 제3장, 제5장, 제6장을 참조). 일본어에서의 커뮤니케이션이 池上가 지적한 「모노로그적」인 양상을 보이는 것은 일본어가 공적 자기가 아닌 사적 자기를 중심으로 한 언어체계이기 때문이다.

이러한 관점에서 문법항의 생략여부에 관해서는, Horn(1984)의 용어를 빌리자면, 영어에서는 「가능한 만큼 말하라」(Say as much as you can.)는 청자기반(hearer-based)의 원칙이 우선되는 반면, 일본어에서는 「필요이상으로 말하지 마라」(Say no more than you must.)라는 화자기반(speaker-based)의 원칙이 우선된다고 할 수 있다.

하지만 영어에서도 동명사라든가 to부정사의 의미상의 주어는 문맥상 명백할 경우 명시되지 않는 것이 보통이며, 이 경우 「필요 이상으로 말하지 마」라는 화자 기반의 원칙이 적용된다. 예를 들어 (10a)와 같은 구문에서 going to the movie의 의미상의 주어는 prefer의 주어 John과 동일하므로 표현되지 않는다. 만약 (10b)와 같이 대명사인 his를 사용하면 그것은 John이외의 다른 사람을 가리키는 해석이 우선된다. 왜냐하면 going to the movie의 주어가 John인 경우는 그것을 명시하지 않는 (10a)와 같은 형식이 있으므로 그 형식을 사용하지 않고 의도적으로 (10b)와 같이 말하게 되면 his가 John이외의 다른 사람을 가리킴에 틀림없다고 추론될 확률이 높아지기 때문이다.[8]

(10) a. John would much prefer going to the movie.

　　　 (존은 영화를 보러 가는 것이 좋다고 생각합니다)

　　 b. John would much prefer his going to the movie.

　　　 (존은 그가 영화를 보러 가는 편이 좋다고 생각합니다)

(Chomsky(1989 : 65))

to부정사에 대해서도 다음의 예를 통해 동일한 논의가 가능하다.

(11) a. I want to win.

　　　 (이기고 싶다)

　　 b. I want him to win.

　　　 (그가 이겨주었으면 좋겠다)

　　 c. (?)I want me to win.

　　　 ((다른 사람이 아닌) 나 자신이 이기고 싶다)

(Horn(1984 : 24))

(11a)에서는 to win의 의미상의 주어가 want의 주어인 I와 동일하다. 동일하지 않은 경우는 (11b)와 같이 him to win과 같은 형태가 된다. 만

---

8) 이러한 현상은 생성문법에서는 Chomsky(1981)에 따라 「대명사회피」(Avoid Pronoun)의 원칙이라는 이름으로 다루어지고 있다.

약에 (11c)와 같이 to win의 주어가 I와 동일함에도 불구하고 me to win
이라는 형태를 취하게 되면 통상적인 해석으로는 용인(容認)된다 하더라
도 기껏해야 me이외의 다른 사람과 me를 대비(對比)하는 정도의 해석이
될 것이다. 이러한 특수한 해석은 본래 말할 필요가 없는 의미상의 주어
를 일부러 명시함으로써 도출되는 함의(含意)로 볼 수 있다.

3.2.「自分」과「人」대(對) I와 you

일본어에서는 1인칭, 즉 자기가 특별취급을 받고 있다는 것도 일본어
가 사적 자기중심의 언어라는 점에서 증명이 가능하다.

공적 자기에 대해 먼저 고찰하자면, 공적 자기는 청자인 타자와 대치
되는 자기이며 그러한 의미에서 자기를 타자와 동등한 위치에 두고 있
다고 볼 수 있다. 언어적으로는 영어의 공적 자기인 I는 you를 상기(想起)
하고 역으로 you는 I를 상기하는 쌍방향적인 관계가 그 기본이 된다.
Benveniste(1971)에 따르면 인칭대명사는 발화의 장(場)을 형성하는 1인칭
I와 2인칭 you가 진정한 인칭(person)이며 I/you가 아닌 3인칭은 비인칭
(non-person)이라는 관계성을 갖는다. 이는 다음과 같이 도식화할 수 있다.

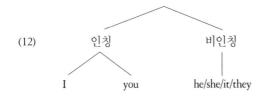

즉, 자기 I와 타자 you는 대등한 위치에 놓이며 I와 you의 쌍으로 발

화행위에 관여하는 인칭체계(=1・2인칭)를 구성하는 관계이다. 한편으로 사적 자기는 사고・의식의 주체이며 타자와 관련 없는 내적자기의식에 바탕을 둔 개인적 존재이다. 특히 「自分」이라는 단어로 사적 자기를 나타내는 일본어에서는 타자와 관련을 맺지 않는 개인이 진정한 「自分」이며, 「自分」이 아닌 것이 타자인 것처럼 자기가 타자보다 우선시되므로 타자는 오히려 자기에게 종속된 관계로 볼 수 있다. 그 증거로 일본어에는 「自分」을 기준으로 「人」를 「自分」과 그 의외의 「人」로 나누는, 다음과 같은 개념관계가 확립되어 있다.

(13)　　　　　人1

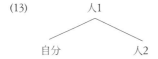

여기에서 「人1」는 사람 일반의 의미로 (14)의 예와 같이 총칭(總稱)적으로 사용된 것이다.

(14) a. 人はパンのみにて生くるものにあらず。
　　　　(사람은 빵만으로는 살 수 없다.)
　　　 b. 人はそれぞれいろんな問題を抱えている。
　　　　(사람은 각자 여러 가지 문제를 안고 있다.)

이와는 대조적으로 「人2」는 「自分」이외의 「人」, 즉 타인・타자를 가리키며 (15)의 예와 같이 「自分」과의 대비적 의미가 두드러진다.

(15) a. 人は人, 自分は自分。
　　　　(남은 남, 나는 나)

b. 人のふんどしで相撲をとる。
(남의 샅바로 스모를 하다.)

또한 「人1」 「人2」가 동시에 등장하는 예로는 다음과 같은 것이 있다.

(16) 人1は年をとるにつれ, 人2から学ぶことが多くなる。
(사람은 나이를 먹어감에 따라 다른 사람으로부터 배우는 것이 많
아진다.)

그림 (13)은 「人」가 「自分」과 「自分 이외의 사람」으로 구성됨을 나타
내고 있으나, 이는 역으로 다른 사람들보다 「自分」이 우선된다는 의미도
되므로, 일본어에서는 자기를 타자보다 우위에 둔다고 볼 수 있다. 타자
로서의 「人2」에는 청자와 제3자가 포함되므로 자기의 우위성은 언어적
으로는 「1인칭」 대 「비1인칭」(=2·3인칭)의 대립의 형태로 나타난다(池上
(2000, 2007)에도 이와 관련된 논의가 있다).

그 전형이 제1장에서 살펴본 심리술어의 문법적 특징이다. 단순히 「う
れしい」라고 한다면 타인에 우선되는 「自分」이 기쁜 것으로, 자기와 동
등하지 않은 타자의 경우는 「うれしそうだ」라든가 「うれしがっている」처
럼 합당한 언어형식을 덧붙여야만 한다. 주어를 명시하자면 다음과 같다.

(17) {ぼく/わたし}は, うれしい。
(18) a. #あなたは, うれしい。
    b. あなたは, うれし{そうだ/がっている}。
(19) a. #彼は, うれしい。
    b. 彼は, うれし{そうだ/がっている}。

영어에서는 이와 같은 인칭제한은 없다.

    (20) I am happy.

    (21) You are happy.

    (22) He is happy.

따라서 영어에서는 언어적으로 자기와 타자를 동등하게 두고 있다고 볼 수 있다.

여기에서 다시 한 번 그림 (13)으로 돌아가 보면 사람은 자신과의 대비를 통해 다른 사람을 보는 경우가 많으므로 일상적으로는 「人1」의 용법보다 「人2」의 용법이 월등히 많이 사용된다. 따라서 「人」라는 단어를 특정한 개인에 대해 사용하게 되면 「人2」가 지닌 「타자성(他者性)」이 관여된다. 예를 들어 (23)에서 보듯이 「人」는 「あなた」나 「彼」와는 아무런 문제없이 공기(共起)할 수 있으나, 「ぼく/わたし」와는 잘 어울리지 않는다(西田(2002)에도 이와 관련된 논의가 있다).

    (23) a. *{ぼく/わたし}は, 正直な人だ。

       b. あなたは, 正直な人だ。

       c. 彼は, 正直な人だ。

「人」를 「人間」으로 바꾸면 용인가능성에 차이가 없어지므로 「人間」에는 「人」에 있는 타자성이 없다고도 볼 수 있다. 그 점에서는 영어의 person도 동일하다.

    (24) a. {ぼく/わたし}は, 正直な人間だ。

       b. あなたは, 正直な人間だ。

c. 彼は，正直な人間だ。

(25) a. I am an honest person.

b. You are an honest person.

c. He is an honest person.

또한 최근에 젊은이 특히 젊은 여성들 사이에서는 (26)처럼 「人」를 자신에게 사용하는 경향도 관찰된다.

(26) あたしって正直な人だから，ついホントのこと言っちゃうのよね。
(난 정직한 사람이라 나도 모르게 사실을 말해버린다니깐.)
(「おジャ魔女どれみ」41화)

이 예에서 재미난 점은 「あたし」가 아닌 「あたしって」라고 말함으로써 자신을 우선 「타자(人ごと)화」하고 있는 점이다. 그리고 이처럼 타자화되게 되면 「彼」 등과 동일하게 「あたし」도 「人」로 취급을 받게 된다. 그림(13)의 「人1」과 「人2」의 차이를 인식하고 있는 일본어화자도 상당수에 이르러 「他人事」라고 쓰고 「ひとごと」로 읽는 경우도 다반사다.

또한 鈴木(1996)에서 논해진 바와 같이 다음의 예에서 관찰되는 「人」는 화자를 가리킨다.

(27) あなた，よくも人をだましたわね！
(너, 잘도 사람을 속였어!)

이 경우 (27)의 화자는 본래 청자를 심리적으로 가까운 존재로 여겨왔으나, 그 청자로부터 완전히 타인 취급을 받아 자신의 존재를 부정당했다는 의미가 함의된다. 따라서 (27)의 「人」는 청자에 의한 화자의 타자화에 반응한 용법이라고 할 수 있을 것이다.

그러나 (26), (27)처럼 타자화되는 경우를 제외하면 (23)과 같은 기본적인 데이터를 통해 일반적인 의미의 사람 중에서도 1인칭은 타자로서의「人」와 차별화된 특별한 존재임을 알 수 있다. 따라서 타자화라는 조작도 그 나름의 의미를 갖는다고 볼 수 있는 것이다.

이에 비해 영어의 I와 you는 1인칭·2인칭의 대립이 중화되어 you로 사람 일반을 가리키는, 이른바「총칭의 you」(generic you)로 불리는 용법이 있다.

> (28) a. You cannot live by bread alone.
> ((사람은) 빵만으로는 살 수 없다.)
> b. The older you get, the more you learn from other people.
> ((사람은) 나이가 들어감에 따라 다른 사람으로부터 배울 것이 많아진다.)

이 경우 you는 사람 일반을 가리키는 one으로 치환(置換)이 가능하다.

> (29) a. One cannot live by bread alone.
> b. The older one gets, the more you learns from other people.

그러나 Bolinger(1979)에 따르면 총칭의 you는 one과는 달리 화자의 시점이 청자와 일체화된다는 의미를 갖는다(小林(1992)에도 동일한 지적이 있다). 이 점과 관련해서 피―타―센(1990 : 70-71)은「영어에서는 자신의 경험으로부터 일반론을 추정하는 경우」에 총칭의 you를 사용하는 경우가 상당히 많음을 지적하며 다음의 예를 제시하고 있다.

(30) You don't see many handicapped people on the streets of Tokyo.
(동경의 길거리에서 장애자를 보는 일은 거의 없다.)
(31) You can search the world over and never find a beer to match Kirin Lager for the richness of its favor.
(전 세계를 둘러보아도 기린 라거에 대적할만한 풍미 깊은 맥주를 찾을 수 없다.)

예를 들어 (30)의 경우 화자에게는 (32)와 같은 경험이 있어 그것을 you를 주체로 하여 일반화하고 있다는 것이다.

(32) When I visited Tokyo, I didn't see many handicapped people on the streets.
(동경을 방문하였을 때, 길거리에서 장애자를 별로 보지 못하였다.)

I와 you의 일체화는 자기와 타자의 등위(等位)관계를 전제로 하며 타자인 you로 자기의 경험을 일반화할 수 있을 만큼 타자지향성이 강하다. (13)의 일본어의 경우는 방향성이 반대로, 「人1」은 「自分」과 자신 이외의 「人2」로 나뉘므로 자기의 우위성이 보다 확연히 드러난다.

물론 일본어에도 1인칭 「ぼく・わたし」, 2인칭 「きみ・あなた」, 3인칭 「彼・彼女」 등의 대명사가 존재하나 2인칭을 총칭적으로 사용할 수는 없다. 예를 들어 (33)과 같이 말하면 그것은 청자의 경우에만 해당하는 속성에 지나지 않는다.

(33) {きみ/あなた}は, パンだけでは生きられない。

Kitagawa and Lehrer(1990)에 따르면, 2인칭대명사의 총칭적 용법은 영어만이 아닌 인도유럽어계열의 상당수 언어에서 관찰되는 것으로 이들 언어는 공통적으로 영어와 같은 고정된 인칭대명사 체계를 갖추고 있다는 특징을 갖는다. 이 특징은 바로 그림 (12)가 나타내는 공적 자기 중심의 체계이다.

그러나 제1장에서 논한 바와 같이 일본어의 경우 공적 자기를 나타내는 고유의 단어가 없으므로 영어의 인칭대명사에 직접 대응하는 고정된 표현은 없다. 그 결과 일본어에서는 화자와 청자에 대해 어떠한 단어를 사용할까라는 방향성이 중시되며 문제의 사람이 발화장면에서 수행하는 대인적 역할과 관련된 다양한 표현이 사용된다. 따라서「ぼく・わたし」와「きみ・あなた」등의 1인칭・2인칭 표현은 항상 발화장면에서의 특정 인간관계를 전제로 한다.

이와 같은 맥락에서 일본어의 2인칭대명사가 총칭적으로 사용되지 않는 것은「きみ・あなた」등의 단어로부터 화자가 전제로 하는 특정 인간관계를 따로 떼어내 생각할 수 없기 때문이라는 결론에 이르게 된다. 영어의 경우, I와 you가 특정 인간관계와 특정 발화장면을 전제로 하지 않는 문법적인 인칭관계이므로 자기인 I가 타자인 you에 일체화되었을 때 사람 전반을 나타낼 수 있는 구조라고 생각된다.

마지막으로 일본어와 영어에 있어서의 자기와 타자의 관계에 대한 인식의 차이를 보여주는 또 다른 예로 영어의 come과 go, 일본어의「行く」와「来る」의 사용구분에 대해 언급해두고자 한다. 이미 잘 알려진 바와 같이 일본어에서는 기본적으로 화자의 영역으로의 이동은「来る」이며 화자 이외의 영역으로의 이동은「行く」이다. 이에 비해 영어에서는 (34)에서처럼 화자의 영역으로의 이동뿐만이 아니라 청자의 영역으로의 이동도 기본적으로 come이며 go는 화자 및 청자 이외의 영역으로의 이동

을 나타낸다.[9]

> (34) "Maria, would you come here, please?"
> (マリアさん, ここに<u>来て</u>くれますか)
> "I'm {coming/*going}."
> (いま, {*来ます/<u>行き</u>ます})
>
> (Swan(2005 : 109))

이러한 일본어와 영어의 차이는 池上(2000, 2007)와 山口(2002)의 지적과 같이 일본어에서는 「1인칭」대 「비(非)1인칭」, 영어에서는 「1・2인칭」대 「비1・2인칭」의 대립을 기준으로 상정함으로써 설명될 수 있다. 즉 영어에서는 come/go의 사용구분에 있어 화자인 자기와 청자인 타자가 동등한 관계에 있는데 반해, 일본어에서는 「行く・来る」의 사용구분에 있어 화자인 자기가 그 이외의 타자와는 차별화된 특별 취급을 받는다는 것이다.

3.3. 일본어의 자기지향성과 영어의 타자지향성

이상과 같이 일본어는 사적 자기중심, 영어는 공적 자기중심이라고 보았을 때 각각의 언어체계 안에서의 자기와 타자의 관계는 다음과 같이 정리될 수 있다.

> (35) 사적 자기중심인 일본어는 자기를 타자보다 우위에 놓는다는 점에

---

9) 청자영역으로의 이동이라도 go를 사용할 수 있는 경우도 있으며(Hasegawa(1993) 참조), 일본어의 경우 「行く」와 「来る」의 사용구분이 공통어(표준어)와 차이를 보이는 방언도 있다(山口(2002) 참조).

서 자기지향성이 강한(따라서 주체성이 강한) 언어이다. 한편 공적 자기중심인 영어는 자기를 타자와 동등한 위치에 놓는다는 점에서 타자지향성이 강한(따라서 객체성이 강한) 언어이다.

이를 통해 제2절의 (2)에서 제시한 森(1998)의 일반화와 마찬가지로 영어에서는 자기를 특별 취급하는「주체화」현상이 유표적인데 반해, 일본어에서는 자기를 타자와 동등하게 취급하는「객체화」현상이 유표적이라는 주장도 증명될 수 있다.

4. 일기영어에서의 공주어(空主語)와 주체화

여기서 주목할 점은 영어에서도 타자로의 전달을 의도하지 않는 일기 등의 특수한 문체에서는 1인칭대명사를 사용하지 않는 경우가 자주 있다는 사실이다. 예를 들어 Haegeman(1990)은 일기영어의 경우 일상회화에서 용인되지 않는 주어생략(主語省略)현상이 발생함을 지적하고 있다. 여기서는 전후문맥에 따라 언어적으로 표현되지 않는 주어를「공주어」(空主語, null subject)로 부르기로 한다. Haegeman에 따르면 버지니아 울프의 일기에서 인용한 (36)의 예에서는 1인칭주어가 일관되게 생략되어 있으나 (37)과 같은 일상회화에서는 이와 같은 생략이 일반적이지 않다(이하, 괄호는 공주어를 나타낸다).

(36) A very sensible day yesterday. ( ) Saw no one. ( ) Took the bus to Southwark Bridge. ( ) Walked along Thames Street ...
(어제는 나름 매우 좋은 날이었다. 누구와도 만나지 않고, 버스로

사우스워크 브릿지까지 가서, 템즈 스트리트를 걸었다.)

(37) A : Did you have a nice time?

(재미있었습니까?)

B : *Well, ( ) had a very sensible day yesterday. (　) Saw no one ...

Haegeman(1990)은 생성통사론(生成統辭論)적 관점에서 (36)과 같은 공주
어구문을 일정한 형식적 제약을 수반하는 유표구문으로 분석하고 있다.
여기서는 그 통사적 분석에 대해 상세히 다루지는 않으나, Haegeman의
분석은 일기영어에서 공주어가 문두(文頭)의 위치에 한해, 그것도 한번밖
에 허락되지 않음을 입증하기 위한 것이다. 따라서 예를 들어 (38a)의 문
장에 대해 허락되는 것은 (38b)뿐이다.

(38) a. I saw no one after I had left the party.

(난 파티에서 나온 후에 아무도 만나지 않았다.)

b. ( ) Saw no one after I had left the party.

c. *He/I saw no one after ( ) had left the party.

d. *( ) Saw no one after ( ) had left the party.

그러나 실제로는 Haegeman의 통사적 분석으로는 설명이 불가능한 데
이터가 존재한다. 여기서는 영국의 Helen Fielding이 쓴 일기소설로 영화
화도 되어 화제가 되었던 *Bridget Jone's Diary*(Picador, 1996)와 *Bridget
Jones : The Edge of Reason*(Picador, 1996)에서 데이터를 수집하여 일기영어
의 생략구문은 영어의 유표적인 주체화의 반영이며 고로 일본어에서 1
인칭 대명사를 사용하지 않는다는 것과 극히 유사한 현상임을 밝히고자
한다.10)

우선 일기영어의 공주어구문이 주체화의 반영이라는 것은 공주어의

대다수가 1인칭인 I를 표현하지 않는다는 사실 외에도 특히 일기 작자의
감정과 감각이 심리술어로 표현될 때 1인칭 주어의 생략이 많다는 사실
에서도 충분히 미루어 짐작할 수 있다. (39)에서는 주어인 I가, (40)에서
는 I am이 표현되어 있지 않다(이하, 예문의 출전은 Bridge Jone's Diary를 BJD,
Bridget Jones : The Edge of Reason를 BJER로 약기(略記)하도록 한다. 이탤릭체는 본
서의 저자에 의함).

(39) a. It's so quiet here. (　) Am *scared*. (BJER)
(여기는 너무 조용해. 무서워.)

b. (　) Am just so *happy*.(BJER)
(매우 기쁘다.)

c. And (　) am v. *lonely*. (BJER)
(게다가 너무 외로워. [v. 는 very의 약어])

d. (　) Am really *tired*. (BJER)
(정말로 지쳤어.)

e. (　) Feel v. *sad*. (BJER)
(정말로 슬퍼.)

(40) a. It is far too late for Daniel to ring. (　) V. *sad and traumatized*. (BJD)
(다니엘이 전화 주기에는 너무 늦어버렸어. 너무 슬퍼서 가슴이
아퍼.)

b. He had not messaged me or anything. (　) V. *depressed*. (BJD)
(그는 메시지 같은 것을 아무것도 보내주지 않아. 너무 맥 빠져.)

c. (　) *Glad* he's [Dad's] feeling OK. (BJER)
(아버지가 건강해서 행복해.)

---

10) Haegeman는 그 후의 논문 Haegeman and Ihsane(1999)에서 Bridget John's Diary에서의
주어생략에 관한 데이터를 들어 그 이전의 통사론적 분석이 불충분하였다는 것을 인
정하는 한편, 일반적으로 이러한 주어생략 현상이 제기(提起)하는 생성문법론적 설명
에 대한 문제점을 논하고 있다(和田尚明씨로부터 교시(敎示)를 받았음을 밝힌다).

　　d. Ugh. (　) Completely *exhausted*. (BJD)

　　　(우와, 완전히 지쳐버렸어.)

　　e. (　) V. *excited* about the dinner party. (BJD)

　　　(디너파티를 생각하면 너무 흥분돼.)

또한 발화시점에서의 의지를 나타내는 will과 be going to, 결의(決意)·
의무를 나타내는 must도 주체성이 강한 술어이므로 I가 명시되지 않는
경우가 상당히 많다((41)-(43) 참조). 심적 상태를 나타내는 사고동사인
think, believe, wonder, want, expect와 realize, know, understand 등의 인
식동사, see, hear 등의 지각동사의 경우도 동일하다((44)-(46) 참조).

(41) a. (　) *Will* just ring Tom then get down to work.

　　　(잠깐 톰에게 전화를 하고 나서 일을 하도록 하자.)

　　b. Maybe (　) *will* try to sleep. (BJER)

　　　(자, 자도록 하자.)

(42) a. (　) *Am never, ever* going to drink again for the rest of life. (BJD)

　　　(이제 죽을 때까지 두 번 다시 절대로 술을 마시지 않을 거야.)

　　b. Right, (　) *am going to* call Dad. (BJER)

　　　(그렇다, 아빠에게 전화하자.)

(43) a. (　) *Must* make sure Daniel does not find out about any of this.
　　　(BJD)

　　　(다니엘이 이 일에 대해서 조금이라도 눈치채지 못하도록 주의
　　　하지 않으면...)

　　b. (　) *Mustn't*, mustn't be negative. (BJER)

　　　(마이너스 사고는 안 돼 안 돼.)

(44) a. (　) *Think* it is all right. (BJER)

　　　(괜찮다고 생각해.)

　　b. (　) Cannot *believe* this has happened. (BJD)

(이런 일이 일어나다니 믿을 수 없다.)

c. (　　　) *Wonder* if the post has come yet.　(BJD)

(우편물이 벌써 왔나.)

d. (　) Really, really do not *want* to drive all way to Grafton Underwood.　(BJER)

(일부러 그래프톤 언더우드까지 차로 가고 싶다고는 도저히 생각하지 않는다.)

e. (　) *Expect* to become known as brilliant cook and hostess. (BJD)

(훌륭한 요리와 대접으로 평판이 좋아질 거야.)

(45) a. (　) *Realize* it is no longer possible for smokers to live in dignity... (BJD)

(흡연자가 존엄을 갖고 산다는 것은 더 이상 불가능하다는 것을 알았다.)

b. (　) Do not *know* what to believe in or hold on to any more. (BJD)

(무엇을 믿고 의지하면 좋을까 이제 잘 모르겠어.)

c. At last (　) *understand* the simple difference between home cooking and restaurant food.　(BJD)

(가정요리와 레스토랑 요리의 간단한 차이가 이제 겨우 알았어.)

(46) a. (　) Could *see* her being all gay and tinkly touching his arm. (BJER)

(그녀가 완전히 쾌활해져 소리를 높여가며 그의 팔을 만지고 있는 것이 보였어.)

b. (　) Could *hear* Dad going, 'Leave her alone, Pam,' in the background ... (BJER)

(아빠가 등 뒤에서 「팜, 그대로 놔둬」라고 말하는 것이 들렸다.)

또한 Haegeman의 분석에서 공주어는 문두의 위치에서 그것도 하나밖에 허락되지 않으나, 공주어에 걸리는 제약은 실제로는 훨씬 약하여 홍

미로운 현상을 보여준다. 예를 들어 (47)은 that 보어절(補語節)을 취하는
동사로 주절·보어절 모두 주어인 I가 표현되어 있지 않은 예문이다.

(47) a. ( ) *Think* ( ) would like to move to New York. (BJD)
   (뉴욕에 이사가고 싶다고 생각해.)

   b. ( ) Cannot *believe* ( ) am spending Valentine's Day alone again.
   (BJER)
   (또 혼자서 밸런타인데이를 보내고 있다니 믿을 수 없어.)

   c. ( ) *Wish* ( ) was dead. (BJD)
   (죽어버리고 싶어.)

   d. ( ) *Realize* ( ) was using telly remote control by mistake. (BJD)
   (텔레비전의 리모컨 사용법이 틀렸었다는 사실을 알았어.)

   e. Oooh, ( ) have just *remembered* ( ) am going to be in papers.
   (BJER)
   (아, 신문에 실릴 것을 생각해냈어.)

(48)은 동사의 보어부(補語部)가 wh절, if절, like절인 예문이다.

(48) a. ( ) Do not even *know* where ( ) am meeting him. (BJER)
   (어디에서 그와 만날지도 모르겠어.)

   b. ( ) Will *see if* ( ) can get hair cut in lunch hour. (BJER)
   (점심시간에 머리를 자를 수 있을까 확인해 보자.)

   c. ( ) *Wonder if* ( ) should quickly ring Mark Darcy to tell him where
   ( ) am going? (BJER)
   (마크 다시에게 바로 전화를 해서 행선지를 전해놓는 편이 좋
   을까.)

   d. ( ) *Feel like* ( ) am going to faint in heat. (BJER)
   (더위로 기절할 것 같은 기분.)

이와 같은 1인칭 주어의 생략은 그 무엇보다도 일본어의 경우와 평행적(平行的)이라 판단된다.

따라서 Haegeman의 분석에서 용인(容認)되지 않았던 부사절(副詞節)이 관련된 (38d)와 같은 예문의 경우도 그에 대응하는 일본어문장 「パーティーを出た後, 誰にも会わなかった」와 동일하게 성립될 가능성이 있을 것으로 예측된다. 아래 (49)가 실례(實例)로 주절과 부사절 어느 쪽에도 주어 I가 표현되어 있지 않다.

(49) a. ( ) Was just leaving flat for work *when* ( ) noticed there was a pink envelope on the table... (BJD)
(일 나가려고 아파트를 나가려고 하다가 테이블 위에 핑크색 봉투가 놓여 있다는 것을 알았어.)

b. ( ) Will call him *when* ( ) get home ... (BJER)
(돌아가면 그에게 전화해야지.)

c. *After* ( ) spoke to Jude ( ) could not face shopping or similar lighthearted things. (BJD)
(쥬드와 이야기를 한 후는 쇼핑이라든가 그러한 한가한 것을 할 기분이 아니었어.)

d. *When* ( ) finally got away from scene of mayhem, ( ) drove far too fast on way back to London ... (BJD)
(대혼란의 현장에서 겨우 빠져나와서 런던까지 엄청난 스피드로 돌아왔어.)

또한 (38c)와 같은 타입 중에는 종속절의 주어인 I가 표현되지 않거나 주절주어가 I 이외의 경우도 있다.

(50) a. *After* ( ) got depressed on Friday Jude came round and talked to

me about being more positive about things ... (BJD)

(금요일에 완전히 맥 빠져 있던 참에 주드가 와서 세상사에 보다 적극적이 되라고 말해 주었어.)

b. Phone rang again *before* ( ) had time to call back. (BJER)

(이쪽에서 다시 걸 틈도 없이 다시 전화벨이 울렸다.)

c. *When* ( ) finally arrived at Guildhall, Mark was pacing up and down outside in black tie and big overcoat. (BJER)

(길드홀에 드디어 도착하였더니 마크가 검은색 넥타이에 큰 오버코트를 입고 밖을 왔다 갔다 하고 있었어.)

d. *After* ( ) had explained it a few more times Charlie suddenly saw the light. (BJER)

(2번, 3번 설명을 하니 찰리는 갑자기 납득을 한 모양이야.)

이러한 종속절주어의 생략현상도 일본어에서는 극히 일반적이다. 예를 들어 (50a)에 대응하는 일본어문장으로는 종속절의 주어를 명시하여 「わたしが金曜日に落ち込んでいたら」라고 하기보다는 그를 생략하여 「金曜日に落ち込んでいたら, ジュードがやってきて, ものごとにもっと積極的になるよう言ってくれた」라고 하는 것이 보통이다.

더불어 1인칭대명사의 생략은 신체부위명사를 수식하는 소유격 my에서도 관찰되는데, 통상적인 영어라면 my head, my heart 등으로 말해야 하는 장면에서 일본어는 「頭が痛い」라든가 「気持が沈む」처럼 무수식(無修飾)의 형태로 등장하는 경우가 있다.

(51) a. Actually *head* hurts quite a lot. (BJER)

(그렇다고는 해도 머리가 너무 아프다.)

b. *Heart* was sinking at thought of being late and hungover ... (BJD)

(지각을 했고 게다가 숙취라는 것을 생각하니 기분이 가라앉았어.)

c. *Hair* is completely mad. (BJER)

(머리가 완전히 엉망이야.)

d. *Mind* is full of horrid fantasies about them doing things together. (BJD)

(그들이 함께 하고 있는 것을 상상하는 유쾌하지 않은 공상으로 머리가 꽉찼어.)

e. ( ) Thought *head* was going to burst with the racket. (BJD)

(그 시끄러움에 머리가 터질 것 같았다.)

특히 (51e)에서는 주어 I와 my의 생략이 동일문장 내에서 동시에 일어나고 있다. 통상적인 영어라면 I thought my head was going to burst ...라고 해야 할 곳에서 I도 my도 사용하지 않음은 그에 대응하는 일본어문장「頭が破裂するかと思った」와도 평행적이다.

이러한 my의 생략현상을 통해 알 수 있듯이 일기영어의 경우 I를 사용하지 않음으로써 언어형식상의 인칭성을 제거하는 효과를 거둘 수 있다. 이러한 인칭성 제거에 관한 일례로 다음의 예와 같이 주어인 I가 사라지면 myself도 self로 표현될 수 있다는 점은 대단히 흥미롭다.

(52) a. ( ) Feeling v. pleased with *self*. (BJD)

(내 자신이 너무 마음에 든다.)

b. ( ) Must just get on with life and not feel sorry for *self*. (BJD)

(좌절하지 않고 살아가지 않으면. 자신을 불쌍히 여기면 안 돼.)

c. ( ) Realize ( ) have to learn to love *self* and live in moment ... (BJER)

(자신을 사랑하며 지금을 살아가야 한다는 것을 알았다.)

d. Though ( ) must remember not to blame others but take responsibility for everything that happens to *self*. (BJER)

(하지만 다른 사람을 탓하지 말고 자신에게 일어난 모든 일에
대해 책임질 것을 잊어서는 안 돼.)

e. ( ) Will be able to free *self*'s head of all men issues in Thailand
and concentrate on self. (BJER)

(태국에서는 남자 문제는 전부 잊고 자신에게 집중할 수 있을
것이다.)

이들 예에서 관찰되는 self는 일본어의 「自分」과 마찬가지로 형식상으
로는 무인칭이지만 그것을 포함한 문장을 발화하는 화자의 자기의식과
결부시킴으로써 myself에 대응함을 알 수 있다. 단 (52e)의 self's head의
self는 myself의 대용이 아니며 통상적으로는 free my head of라고 해야
맞겠지만 인칭을 제거한 상태에서 my대신에 self를 사용하고 있어 영어
치고는 상당히 특수한 예에 해당한다고 볼 수 있다.

이상, 일기영어에서의 공주어구문에 대한 고찰을 통해, 이러한 타입의
구문이 1인칭대명사를 사용하지 않는다는 점에서 통상적인 회화체구문으
로서는 결코 용인될 수 없는 성격의 구문임이 밝혀졌다. 영어는 본래 공
적 자기중심이며 타자지향적인 성격을 갖으나, 타자로의 전달을 의도하지
않는 일기와 같은 특수한 상황에서는 자기지향성을 갖게 되고, 자기에 관
한 것과 자기가 알고 있는 것은 언어화하지 않는다는 주체화의 경향이 강
해져, 결국 일본어와 극히 유사한 현상을 나타내게 된다고 판단된다.

일기영어의 강한 자기지향성은 특히 예 (50)처럼 주절주어가 타자이며
종속절주어가 자기일 때, 자기의 종속절 주어 쪽이 빈칸이 된다는 점에
서도 명백하며, 동시에 다음의 예와 같이 앞의 문장의 주어가 자기일 때
그 자기가 명시되지 않아도 된다는 점에서도 증명이 가능하다.

(53) a. Mark has gone off to his flat to change before work so ( ) can
have little cigarette and develop inner growth ... (BJER)
(마크는 업무 전에 옷을 갈아입기 위해 아파트로 돌아왔다. 그
래서 담배를 조금 피고 마음을 고양시킬 수 있었어.)

   b. Jude had gone completely mad. ( ) Just went round to her house
to find entire place strewn with bridal magazines, lace swatches,
... (BJER)
(주드는 완전히 이상해졌다. 그녀의 집에 잠깐 들렀더니 방안이
결혼정보지와 레이스의 견본 등으로 어지럽혀 있었다.)

(53a, b)에서 두 번째 문장의 생략된 주어는 대응하는 한국어역에서도
알 수 있듯이 첫 번째 문장의 주어인 Mark와 Jude가 아닌, I이다. 이러
한 생략이 가능한 것은 일기영어의 경우 자기가 타자보다 언어적으로
우위에 놓이므로 의식의 중심에 있는 자기를 언어화할 필요가 없기 때
문이다. 이는 일본어에서 관찰되는 특징과 동일하다.

   이상과 같은 맥락에서 본래 타자지향성이 강한 영어에 있어서의 일기
영어의 주어생략은 森(1998)의 (2a)의 일반화에서 제시된 「무표로부터 유
표로의 주체화」를 보여주는 좋은 사례라 할 수 있을 것이다.

5. 「교과서 영어」적 일본어에서의 자기와 타자의 동등성

   영어에서는 1인칭대명사를 사용하지 않으면 일기영어와 같이 비일반
적인 문체가 되나 반대로 일본어에서는 인칭대명사를 획일적으로 사용
할 경우 비일반적인 일본어가 되어버리고 만다. 그 전형이 바로 교과서
영어의 해석에 사용되는 일본어, 즉 「교과서 영어」적 일본어다. 교과서

영어적 일본어는 영어의 I, you, he/she에 대응하는 형태로「わたし, あなた・彼／彼女」라는 인칭대명사가 확립되어 있고, 특히「わたし」와「あなた」는 영어의 I, you의 관계와 마찬가지로 서로가 서로를 상기시키는 쌍방향적 관계에 있다. 따라서 화자와 청자는 언어적으로 대등한 관계로 볼 수 있다.

　이러한 교과서 영어적 일본어를 패러디화한 것이 清水義範의『永遠のジャック＆ベティ』(講談社文庫, 1991)라는 소설이다. 이 작품은 1945년 이후의 영어교과서에 등장한 잭과 베티가 서로 50세가 되어 재회했을 때, 교과서 영어적 일본어로밖에 이야기를 나눌 수 없게 된다는 설정이다. 예를 들어 잭과 베티는 다음과 같이 대화를 한다.

> (54)「あなたはジャックですか」
> 　　「はい。私はジャックです」
> 　　「あなたはジャック・ジョーンズですか」
> 　　「はい。私はジャック・ジョーンズです」
> 　　こうして, 三十数年ぶりに再会した二人は路上で奇妙な会話を始めた。
> 　　「オー, 何という懐かしい出会いでしょう」
> 　　「私はいくらかの昔の思い出を思い出します」
> 　　「あなたは一人ですか」
> 　　「はい。私は一人です」
> 　　　　　　　　　　　　　　　　　　（清水義範『永遠のジャック＆ベティ』）
> (55)　ジャックは何か楽しい話題をみつけ出そうとして言った。
> 　　「私はあなたの二人の姉を覚えています」
> 　　「私もまた, 覚えています」
> 　　「年上のほうの姉は, ジェーンでした」
> 　　「はい。彼女はジェーンです」
> 　　「彼女は教師でした」」

「彼女は今でも教師です。一生独身で教師をして，時々人からオールド・
ミスと呼ばれてヒステリーを起こします」

「下の姉はエミリーでした。彼女は大学生でした」

「彼女は大学を出てからコンピューター会社で働きました」

「それはよい仕事です」

「しかし，彼女はノイローゼになり，自殺しました」

(동일출전)

(56) 「今日のような暑い日には，　私は家に帰り着くやいなや上着を脱ぐで
しょう」

上着を着ていたジャックはそう言った。

「あなたは涼しくなるために上着を脱ぐでしょう」

「上着を脱ぐやいなや私は涼しくなるでしょう」

(동일출전)

이와 같은 교과서 영어적 일본어는 영어가 지닌 타자지향성을 일본어
에서 억지로 구현하려 한, 말하자면 인공적인 일본어이며, 이러한 일본
어의 가장 큰 특징은 자기를 타자와 언어적으로 동등한 위치에 둠으로
써 자신과 다른 사람을 동일하게 객관적으로 서술하는 데 있다. 물론 이
는 본래 사적 자기중심이자 자기지향성이 강한 일본어에서는 상당히 유
표적인 표현에 해당한다. 따라서 교과서 영어적 일본어는 森(1998)에 의
한 (2b)의 일반화에서 제시된 「무표로부터 유표로의 객체화」를 나타내는
예로 볼 수 있다.

더불어 1945년 이후 「ジャック&ベティ」로 영어를 배운 세대의 대부
분은 영어 그 자체보다도 인공적인 일본어 안에 일본어와는 다른 「이상
적인」 별세계, 즉 사적 감정과 인간관계의 굴레로부터 해방된 자유로운
평등세계를 (비록 환상이라고 하더라도)느끼고 있었다. 『永遠のジャック

&ベティ』의 해설에서 철학자인 鶴見俊輔는 다음과 같이 기술하고 있다.

「ジャック&ベティ」は, 敗戦後の英語の教科書で, 明治につくられた小学唱歌とはかけはなれた気分をもりこんでいる。英語は, 大正うまれ, 昭和うまれのこどもにとって明治が理想であったように, 戦後すぐの時代にとって, アメリカの精神がそれをつたわって日本人の心に入ってくる道すじであって, 英語の教科書は, 戦後の理想をもりこむテキストだった。それは天皇の人間宣言以上に, 今[1991年]五十代に入った日本人の心の中にしみとおっているだろう。

(「ジャック&ベティ」는, 패전 후의 영어 교과서 안에서, 메이지(明治)에 만들어진 소학창가와는 사뭇 다른 기분을 담고 있다. 다이쇼(大政), 쇼와(昭和) 시대에 태어난 아동에게 있어 메이지 시대가 이상적이었던 것처럼 전쟁 직후 미국의 정신이 영어를 통해 일본인의 마음으로 유입되었으며, 영어 교과서는 전후(戰後)의 이상을 담은 텍스트였던 것이다. 이러한 사실은 천황의 인간선언 이상으로 현재[1991년] 50대에 접어든 일본인의 마음속 깊숙이 배어있을 것이다.)

(鶴見俊輔「解説」『永遠のジャック&ベティ』, 228-229)

물론 교과서 영어적 일본어 그 자체는 이른바 문법해독식(文法解讀式) 교수법을 통해 지금도 면면히 이어져 오고 있다.

6. 정리

본 장에서는 특히 일본어에서 1인칭대명사가 사용되지 않는 문제를 들어 이것이 집단모델에서 말하는 자아의식의 결여를 나타내는 것이 아니라, 그와는 정반대된 일본어의 강한 자기지향성을 나타내는 것임을 밝혔다. 일본어의 강한 자기지향성은 일본어가 사적 자기중심의 언어임과 동시에 자기를 타자보다 우위에 두는 특징을 갖는다는 점에서도 설명이 가능함을 논하였다. 이와는 달리 공적 자기중심인 영어는 자기를 타자와 동등한 위치에 놓는다는 점에서 타자지향성이 강한 언어이므로 일반적으로 일본어처럼 1인칭대명사가 특별취급을 받거나 하지는 않는다. 그러나 이러한 영어의 경우라도 자기지향성이 강한 특별한 문맥에서는 일본어와 상당히 유사한 현상이 발생될 수 있음을 일기영어를 예로 상세히 살펴보았다. 이 점에서 인칭대명사생략의 배후에 있는 구조는 일본어만의 고유한 특징이 아니라고 생각된다. 또한 역으로 일본어에서 필요이상으로 대명사를 사용하게 되면 타자지향성이 강해져 결과적으로 자신의 일이 아닌 다른 사람의 일이라는 뉘앙스의 문체가 되는 경우에 대해서도 살펴보았다. 이는 일본어에서 대명사를 사용하지 않는다는 것이 강한 자기지향성과 불가분의 관계에 있음을 보여주는 증거라고 할 수 있다.

제3장

일본어에서의 혼잣말(独り言)

1. 들어가며

　제2장에서는 일본어·영어담화구조의 심층부(深層部)의 차이를 밝히려는 시도의 일환으로 일본어 담화는 영어에 비해 주체화(화자에 의한 주체적인 상황파악)의 정도가 강하다는 점을 뒷받침할만한 데이터를 제시하였다. 이는 제1장에서 고찰한 사적 자기(타자로의 관여를 의식하지 않는 사고·의식의 주체)와 공적 자기(타자와 관련된 사회적인 전달 주체)라는 화자의 두 가지 측면과 관계가 깊다. 즉 일본어에서는 사적 자기중심의 표현(예를 들어, 1인칭대명사를 사용하지 않음)이 자연스럽게 느껴지는데 반해 영어의 경우는 공적 자기중심의 표현이 무표이다.

　그러나 한편으로는 제1장 7.3절에서 본 바와 같이 일반적으로 공적 표현을 포함하지 않는 (1)과 같은 발화는, 화자로의 전달력과 교류력(交流力)이 약하여 혼잣말처럼 들린다. 따라서 오늘이 토요일이라는 것을 다른 사람에게 전달하고자 할 경우 종조사 「よ」(2a)나 정중체 「です」(2b) 등을 함께 사용하는 것이 일반적이다.

> (1) 今日は土曜日だ。
> (2) a. 今日は土曜日だよ。
>   b. 今日は土曜日です。

　다시 말해 의식내용을 언어화했을 뿐인 일본어 문장의 대부분은 사회적 교류를 목적으로 하지 않는 사적 표현으로 이해되기 쉬우므로 그러한 의도를 타자에게 전달하기 위해서는 경우에 따라 청자와의 대인관계를 고려한 공적 표현을 사용하여 발화에 전달성을 갖추게 할 필요가 있다는 것이다.

　이 이론을 확대적용하면, 영어는 공적 자기중심이며 본질적으로 전달성이 강한 언어이지만 일본어는 사적 자기중심이며 영어에 비해 비전달적 성격이 현저한 언어라고 할 수 있을 것이다. 그러나 영어의 경우도 자기지향성이 강한 일기 등에서는 1인칭대명사생략이라는 일본어와 극히 유사한 문체가 ·무표로 간주된다(제2장 4절 참조).

　제2장에서도 언급한 바와 같이 池上(2000, 2007)는, 언어생략의 가능성을 고려했을 때, 영어는 청자의 측면에서 복원이 가능한「다이얼로그적 담화」원칙에 근거하지만, 일본어는 화자의 측면에서 복원이 가능한「모노로그적 담화」원칙이 작용한다고 보고 있다. 그렇다면 모노로그적 담화란 도대체 어떤 특징을 갖는 것일까? 본 장에서는 지금까지의 논의를 바탕으로 일본어의 혼잣말표현에 대해 살펴보도록 한다.

　여기서 말하는 혼잣말이란 청자의 존재를 상정하지 않은 채 머리에 떠오른 사상을 그대로 소리로 내는 것으로 정의된다. 다수의 연구자들은 사고도 항상 대화의 형태를 취한다고 상정하여 혼잣말 역시 자기와의 대화라고 주장한다(Watson(1925), Mead(1934), Peirce(1960), Bakhtin(1984) 등).
즉 혼잣말을 하는 화자는 자신을 화자로서의 자기와 청자로서의 자기로
분리시켜 통상적인 대화형태를 반영시킨 언어활동을 행한다고 파악한
것이다.

그러나 설령 혼잣말이 기본적으로는 대화와 유사하다 할지라도 통상
적인 대화와 비교해 상당히 이질적일 수밖에 없음은 쉽게 상상할 수 있
다. 만일 화자와 청자가 동일인물이라면 대화자간의 예비지식이나 가치
관 등에 차이가 있을 리 만무하므로 화자가 청자의 지식과 시점을 고려
하거나 화제의 제시→전개와 같은 통상적인 회화의 원칙에 따를 필요
는 없다. 또한 경어를 사용하지 않음으로써 혹시나 청자에게 줄 수 있는
심적 상처에 대한 염려도 없을 것이다. 때때로 혼잣말 때문에 자기 자신
에게 상처를 주는 경우는 있을지언정 경어사용이 그것을 완화시킨다고
는 보기 어렵다. 고로 혼잣말에 경어는 사용될 수 없을 것이다.

전달, 커뮤니케이션의 수단으로서의 언어는 폭넓고도 심층적으로 연
구·분석되어 왔지만 전달을 목적으로 하지 않는 사고수단으로서의 언
어에 관한 연구, 그 중에서도 실제 데이터에 근거한 것은 놀랄 만큼 적
다.11) 본 장 제2절에서 소개한, 심리학에서의 「프라이빗 스피치(자기중심
적 언어)」같은 연구 정도가 그 예외일 것이다(Kohlberg et al.(1968), Berk and
Garvin(1984), Bivens and Be가(1990), Diaz and Be가(1992) 등).

혼잣말에 관한 분석은 타자와의 교류를 목적으로 한 경우와 그렇지
않은 경우 언어의 구조와 사용형태가 어떻게 다른가를 명확히 하는 것

---

11) 혼잣말 그 자체를 대상으로 한 연구는 아니지만 혼잣말을 데이터로 다루고 있는 논문
은 상당수에 이른다. 예를 들어, 上野(1972), 黒田(1979), 陳(1987), 森山(1989), Maynard
(1991, 1993), 仁田(1991), Hirose(1995), 宇佐美(1995), 小野·中川(1997), 鈴木(1997), 鷲
(1997), 森山(1998), Okamoto(1999), 伊豆原(2003), Shinazto(2004), 今野(2007) 등이 있다.

외에도 그러한 차이가 발생하는 원인에 대해서도 중요한 단서를 제공해
줄 것이다. 이처럼 언어학적으로도 높은 연구가치를 지닌 혼잣말이 지금
까지 좀처럼 연구되어 오지 않았던 주된 원인은 무엇보다도 데이터 수
집의 어려움에 있다.[12] 사람은 보통 타인 앞에서 혼잣말을 하지 않으므
로 관찰이 힘들다. 이 문제의 해결을 위해 본 장에서는 실험적으로 수록
(收錄)한 혼잣말 데이터를 분석한다.

본 장은 제2절에서 프라이빗 스피치(private speech)에 관한 연구를 개관
하고 제3절에서 실험데이터에 관해 설명한다. 제4절에서는 종조사 「ね」
와 「よ」에 관한 선행연구를 검토한 후, 실험데이터에서 관찰된 「ね」와
「よ」에 대해 분석하도록 한다. 마지막 제5절에서는 이들 종조사의 대화
내에서의 기능과 혼잣말 내에서의 기능이 동일한 것인가, 아니면 개별적
인 것인가의 검토를 위해 유아(幼兒)의 종조사 습득에 대해 고찰한다. 혼
잣말의 경우 「ね」는 빈번히 사용되나 「よ」는 거의 사용되지 않는다. 제7
절에서는 인지과학적 시점에서 이러한 차이가 발생하는 이유에 대해 논
하도록 한다.

2. 프라이빗 스피치(private speech)

혼잣말에 관한 과학적 연구는 피아제(Piaget(1923/2002))가 시초(始初)라고
한다. 피아제는 3-5살 아동이 마치 소리를 내며 생각하는 것처럼 자기

---

12) 예외적인 경우도 있는데 森山(1997)이 이에 해당한다. 森山는 청자 없이도 성립하는 문
장과 청자 없이는 성립하지 않는 문장의 문법론상의 차이에 주목하여 사고의 전개가
필요 없는 자명한 정보는 혼잣말이 되지 않는다고 설명하고 있다.

자신을 향해 말하는 것에 대한 관찰을 바탕으로 이러한 현상을 「자기중심적 언어」(egocentric speech)로 명명하였다. 자기중심적 언어는 타자와의 대화장면에서조차 청자의 관점에 서지 않으려는 유아의 사고적 미숙함이 그 주된 요인으로, 주변 사람들은 그 내용을 거의 이해하지 못한다. 그러나 유아는 자신의 말을 상대가 듣고 있는지의 여부에는 별 관심이 없으며 답을 기대하지도 않는다. 한마디로 자폐(自斃)적인 언어활동인 것이다. 피아제는 자기중심적 언어의 빈도와 사교능력의 향상과의 사이에 마이너스적 상관관계가 있음을 발견하여 아동의 사고능력이 발달함에 따라 자기중심적 언어는 점차 소멸되어 간다고 해석하였다.

한편 Vygotsky(1934/1986))는 같은 현상을 전혀 다른 각도에서 설명하고 있다. 그의 이론에서 언어는 항상 사회적 행위이며 아동의 언어발달은 피아제가 제창한 자기중심적, 자폐적인 언어에서 사교적, 전달적 언어로 이행되는 것이 아니라 그 반대로 사교, 전달적 언어로부터 더 이상 소리를 동반하지 않는 「내언(內言)」, 즉 「묵고(黙考)」의 영역으로 옮겨간다고 주장하였다. Vygotsky는 유아의 자기중심적 언어가 결코 자폐적인 것이 아닌 사회적인 행위라는 증거로, 유아를 농아(聾兒)와 외국어를 모어로 하는 아동 그룹에 넣었을 때 혼잣말의 양이 현저하게 감소하는 사례를 들고 있다(Vygotsky(1986 : 233-234)).

그 후 미분화된 유아의 자기중심적 언어는 「자신을 위한 언어」와 「타인을 위한 언어」로 분화되고, 본래 타인과의 교류를 목적으로 습득된 언어는 자각과 사고라는 고도의 지적활동에도 운용되게 된다(Vygotsky(1986 : 261)). 오늘날에는 피아제의 이론보다도 Vygotsky의 이론이 보다 광범위하게 받아들여지고 있으며 이러한 혼잣말현상은 「프라이빗 스피치」(private speech)로 불린다.

이처럼 Vygotsky 이론에서의 프라이빗 스피치는 유아가 아직 목소리를 낼 수 없고 사고하는 능력이 부족하여 일어나는 현상으로 언어가 진정한 의미의 내언이 되어 가는 과정 안에서 과도기(過渡期)적 형식으로 발생하는 것이다. 따라서 학령기(學齡期)에 내언이 정착하게 되면 결과적으로 프라이빗 스피치는 소멸된다.

프라이빗 스피치는 활동의 자각화와 지적반응을 돕는 기능을 갖는다. 따라서 유아의 행동에 어떠한 장애가 발생하게 되면 프라이빗 스피치의 양은 급증한다. 초기 단계에서의 프라이빗 스피치는 어떠한 행위를 취한 후 그 행동에 대한 반성과 코멘트로서 등장하지만, 점차 행위를 하는 도중으로 이동하여 최종단계에서는 행위를 하기 전에 자기를 안내해주는 역할로 발화되게 된다. 예를 들어 어떤 아이가 그림을 그릴 때 파란색 연필이 없다는 사실을 눈치 챈다. 아이는 이 사태를 이해하여 어떻게 대처할까를 생각하다가 「연필은 어디? 파란색 연필이 없어. 에이 괜찮지 뭐. 빨간색으로 그린 후에 물을 많이 적시면 진해져서 파란색처럼 보일 거야.」(Where's the pencil? I need a blue pencil. Never mind, I'll draw with the read one and wet it with water; it will become dark and look like blue.)라고 한다 (pp.29-30). 이는 상기(上記)한 프라이빗 스피치의 최종단계에 해당하는 예이다.

프라이빗 스피치의 구조적 특징으로 Vygotsky는 프라이빗 스피치가 내언에 점차 가까워질수록 생략과 단락화가 진행된다고 보고 있다. 그의 이론에 따르면 사회적 언어에서는 문장 구성요소의 대부분이 구체적으로 명시되지만 내언의 경우 화자는 이미 주어를 알고 있으므로 술어만 남게 된다. 환언하자면 프라이빗 스피츠의 구조는 초기단계에서는 사회적인 언어에 가깝지만 점차 내언의 문법에 맞춰 재구성되게 된다는 것이다.

이 설(說)은 확실히 이론적이며 알기 쉬우나, 실험적으로는 증명되지 않았다(Berk(1992)). 예를 들어 Feigenbaum(1992)에 따르면, 4-8세 아동의 프라이빗 스피치는 그들의 사회적 언어보다도 생략이 많은 동시에 단편화(斷片化)되어 있으나, 나이가 들어가면서 그러한 경향이 점차로 강해지거나 하지는 않는다. 오히려 그들의 프라이빗 스피치는 나이와 비례해 길고 복잡해진다.

위에서 지적한 바와 같이 Vygotsky는 프라이빗 스피츠가 내언이 정착되는 학령기에 급격히 감소·소멸된다고 주장하였다. 실제로 아동이 혼잣말을 타인에게 말하는 시기에서 벗어나 자신 안에서 속삭이기 시작하는 초등학교 3학년 무렵에 그 양은 현저히 감소한다(Beaudichon(1973)). 프라이빗 스피츠의 높은 출현빈도는 초등학교 1학년생 정도까지는 대개의 경우 높은 사고능력 및 활동능력과 상관관계가 있으나, 3학년생이 되고 나서부터는 역으로 낮은 성적과의 상관성이 높아진다(Bivens and Berk (1990)). 다시 말해 프라이빗 스피츠를 사용하는 것은 초기에는 아동의 활동에 플러스로 작용하지만 나이가 들어감에 따라 활동에 있어 장애가 되어 간다고 판단된다(Kronk (1994)).

아동이 성장함에 따라 프라이빗 스피츠가 줄어드는 것은 사실이나 이는 꼭 Vygotsky의 추측처럼 아동이 내언 능력을 얻어 혼잣말을 말하지 않게 된다는 것의 증명이 될 수는 없다. 우리들이 속한 사회에서는 혼잣말을 행여 타인이 듣게라도 되면 상당히 겸연쩍어하는 것처럼 일반적으로 혼잣말은 바람직스럽지 않은 행위로 치부(置簿)되고 있다. 노인들의 혼잣말이 더 이상 사회에 적응해 나갈 수 없는 노화현상의 일부로 간주되는 것이 그 좋은 예라고 할 수 있다(Fly(1992)). 아이들은 이 사회의 터

부를 알게 되면서부터 타인 앞에서는 혼잣말을 말하지 않게 되나, 실제
로는 일생동안 끊임없이 혼잣말을 주절대는 것(John-Steiner (1992))이 바로
우리 인간이다.

3. 혼잣말 조사

3.1. 데이터 수집

이 조사에서는 20대부터 40대의 남성 8명, 20대부터 50대의 여성 16
명, 총 24명의 일본어모어화자로부터 혼잣말 데이터를 수집하였다. 이
중 16명은 도쿄방언(東京方言)화자, 2명은 쿄토(京都)방언화자, 나머지는 삿
포로(札幌), 미에(三重), 오카야마(岡山), 가가와(香川), 후쿠오카(福岡), 나가사
키(長崎) 방언화자가 각각 1명씩이다.

피험자에게는 각자 개인방에서 10-15분간 혼잣말을 하게 하였고 그것
을 녹음하였다. 이 때 가공(架空)의 인물에게 말을 거는 것이 아닌 머리에
떠오른 것을 그대로 목소리로 내도록 의뢰하였다. 그 외에는 특별히 제
약은 없으며 피험자가 방안을 돌아다니거나 책장에 있는 책을 보거나
하는 것은 자유였다.

그 결과 3,042개의 발화표본이 수집되었다. 대부분이 단편문으로 발
화가 끊기는 곳은 통사(統辭)적 고찰, 포즈(pause), 억양(抑揚, intonation)을 기
준으로 결정하였다.

모든 피험자는 녹음되고 있다는 것을 알고 있었으므로 당연히 수집된
데이터는 순수한 혼잣말과는 성질을 달리하는 것이 아닌가라는 의구심

이 들 수도 있다. 그러나 이 실험에서 우리들이 원한 것은, 화자와는 별개의 청자를 언어행동으로부터 제외시키는 것이었으므로 그러한 의미에서 인공적으로 수집된 데이터, 자연발생적인 데이터를 막론하고 기본적으로는 큰 차이가 없을 것으로 판단하였다.

녹음되고 있다는 사실이 혼잣말의 내용에 영향을 끼친다는 점은 부정할 수 없으나, 거의 대부분의 피험자는 개인적인 문제를 포함하여 놀랍도록 솔직하게 자신들의 생각을 말해 주었다. 이 점에서 일반적으로 젊은 피험자 쪽이 연배(年輩)의 피험자에 비해 자기억제가 적었다고 할 수 있다. 녹음은 대부분 캘리포니아 대학 버클리캠퍼스(UC Berkeley)의 長谷川의 연구실에서 진행되었으나, 피험자는 방안에 있는 물건에 대해 상당히 자유롭게 의견을 피력(披瀝)하였다. (3)에 그 예를 제시하고자 한다.

    (3) a. [책장에 있는 하이쿠에 관한 책을 보고]
         うわあ, 俳句とか。ああいうのやだ。
      b. [벽의 족자를 보고]
         なんか, 中国臭いんだよね, こういう壁に掛けてある。ウチ, 何にも
         なかったからなあ, 書道みたいなの。おれも書道は嫌いだし。
      c. [長谷川의 dell사의 노트북을 보고]
         でも, やっぱり, デザインはマックのほうがずっといいよねえ。デル
         も悪くないんだけど, やっぱり, なんか, ジェネリックって感じがす
         るよねえ。あと, 安く作ってるから, 部品が安いしねえ。

다음의 제4절에서는 이렇게 수집한 혼잣말 표본에 나타나는 종조사 「ね」와 「よ」에 대해 고찰하고 있다. 이들 종조사는 발화행위와 모덜리티(modality)를 반영하고 있어 구어(口語)체 일본어에서는 불가결(不可缺)한 요소로 간주되며 時枝(1951), 佐治(1957) 등을 필두로 반세기 이상의 긴 시간에 걸쳐 철저하게 연구되어 왔다. 그러나 이들 선행연구의 대부분은 「ね」와 「よ」에 대해 청자가 존재하는 대화에서만 발생한다고 가정하고 있으며 그 기본기능은 항상 전달과 커뮤니케이션의 관점에서만 설명되어 왔다. 실제로 「ね」와 「よ」가 혼잣말에 출현한다는 사실조차도 그다지 알려진 바가 없다.

아래에서 상세히 검토하겠으나 「ね」의 혼잣말에서의 출현빈도는 대화에서의 그것에 필적할 정도로 상당히 높다. 반면에 「よ」는 혼잣말에 출현함에도 불구하고 그 빈도는 극히 낮다. 제4절에서는 혼잣말의 특징에 대해 「ね」는 田窪・金水(Takubo and Kinsui(1997))의 논리를, 「よ」는 井上(1997)의 논리를 각각 원용(援用)하여 검토하도록 한다.

3.2. 종조사의 빈도와 실례

표 1은 본서에서의 혼잣말 데이터에 등장하는 종조사의 횟수를 정리한 것으로 3,042개의 발화 중 1,483개(48.8%)가 종조사로 끝나 있다. 목적이 상이한 관계로 단순비교는 무리이지만 Maynard(1997 : 88)의 60분 분량의 회화데이터에서 그녀가 「대인관계의 조사(助詞)」(interactional particle)로 규정한 것이 약 2.5문말(전문의 약 40.0%)마다 등장하고 있다.[13] 그러나 본서의 입장에서는 종조사의 출현빈도가 혼잣말, 대화에 상관없이 거의 변하지 않을 것으로 추측된다. 또한 구어에서는 「なあ」처럼 최종모음이 길게 발음되는 경우가 많으나 여기서는 모음의 장단(長短)을 나누지 않았다. 하강조(下降調)의 「わ↓」는 남녀 모두 사용하고 있으나, 평판(平板) 또

---

13) Maynard(1987 : 87)는 조사를 문법적인 것과 화자의 청자에 대한 태도를 나타내는 것으로 분류하고 있다. Maynard의 분류에서 「か」는 전자에 포함되어 있다.

는 상승조(上昇調)의 「わ↑」는 일반적으로 여성화자만이 사용하고 있다.

표 1 혼잣말 데이터에서의 종조사의 출현빈도

피험자	성별	발화 총수	な	かな	けな	けかな	よな	ね	かね	けね	よね	か
A	남	76	14	8				7			1	6
B	여	68	7	12				8				4
C	여	122	9	28	2	1		3				6
D	여	161	20	27				26			7	9
E	남	196	19	37			10	49	5	1	57	4
F	여	97	4	11				3				3
G	여	76	15	25								3
H	여	188	8	9	2			50	5		5	9
I	여	175	11	2			3					2
J	여	117	4	17				17				4
K	여	172	2	22	1			3			4	5
L	남	162	31	24			1	10			3	18
M	여	90	6	25	1			6			1	5
N	남	102	4	6				4			1	17
O	여	124	12	13			2	11			2	1
P	여	119	36	25			1	36				13
Q	남	172	34	24			1	34			6	14
R	남	35	1					2			1	1
S	여	127	6	7				5	1		2	14
T	남	105	9	20			4	11	2		17	9
U	남	144	26	31			2	5				12
V	여	145	7	17			3				5	10
W	여	142	2	19				10			2	3
X	여	127	3	16				17			13	4
합계		3,042	290	425	6	1	27	317	13	1	127	176
%			9.5	14.0	0.2	0.0	0.9	10.4	0.4	0.0	4.2	5.8

피험자	よ	かよ	や	わ↓	わ↑	け	さ	で	の	かしら	합계	%
A			2								38	50.0
B					1					2	34	50.0
C					1						50	41.0
D				1						3	93	57.8
E						3					185	94.4
F										2	23	23.7
G											43	56.6
H			3	2		1			1		95	50.5
I		1	11			1			1		32	18.3
J						1			1		44	37.6
K						1			1		39	22.7
L			1			2			1		91	56.2
M						4					48	53.3
N	2	1	1			2			1		39	38.2
O						6	2		1		50	40.3
P						1	1				113	95.0
Q				4			3	4			124	72.1
R											5	14.3
S		1	2							2	40	31.5
T											72	68.6
U	1										77	53.5
V	1		2	3		5					53	36.6
W			1			2			1		40	28.2
X						1			1		55	43.3
합계	4	1	12	22	1	32	6	4	9	9	1,483	
%	0.1	0.0	0.4	0.7	0.1	1.1	0.2	0.1	0.3	0.3	48.8	100.0

이하 각 종조사의 실제 사용례를 제시하고자 한다.

(4) a. 「な」(290회, 9.5%)

へえ, パワーアダプター, 結構大きい。こういうのは, ちょっと, やだな
あ。

b. 「かな」(425回, 14.0%)

二つ予約しちゃったから, 一つ断ちなきゃ。どっちが安いかな。

c. 「けな」(6回, 0.2%)

何だっけ, あれ。クラブ・ツリーってったっけなあ。

d. 「けかな」(1回, 0.0%)

レストランとか言えば, いつか行ったあのレストラン, 何だっけかな。

e. 「よな」(27回, 0.9%)

でもね, 三島とか川端とかは, その, リーダーを選んでて, いいと思
うんだよな。

f. 「ね」(317回, 10.4%)

あそこの図書館大きくてきれいで, いいね。

g. 「かね」(13回, 0.4%)

よしえはどうしてるかねえ。

h. 「けね」(1回, 0.0%)

やっぱりデルとかあ, それからデートウェイとか売れてるよなあ。ど
うだったっけねえ。

I. 「よね」(127回, 4.2%)

日曜日, 日曜日何かあったような気がするんだよねえ。

j. 「か」(176回, 5.8%)

あ, プレーンヨーグルト使えばいいのか。

k. 「よ」(4回, 0.1%)

団子, 売れないよ, 絶対。

l. 「かよ」(1回, 0.0%)

間違い電話かよ。

m. 「や」(12回, 0.4%)

分かんないや。

n. 「わ↓」(20回, 0.7%)

多分, 金・土, 閉まってるわ↓。

o. 「わ↑」(3회, 0.1%)

あ, なんか, ブラインドの隙間から青空が見えるわ↑。

p. 「け」(32회, 1.1%)

え, まだ32分？あ, あっちの時計34分か。じゃあ, 後6分？え, いつか
ら始めたっけ。

q. 「さ」(6회, 0.2%)

日本帰りたくないのかなあ。ま, わたしも帰りたくないけどさ。

r. 「で」(관서(關西)방언, 4회, 0.1%)

学生も半分ぐらいしか来てへんし。あれ, TAさえも来てへんときあ
るで, あのクラス。

s. 「の」(9회, 0.3%)

ええ, こういうのって, 不自然じゃないの。

t. 「かしら」(9회, 0.3%)

今週は暑くなるのかしら。

종조사 「な」가 혼잣말에 등장한다는 것은 널리 알려진 사실이나(上野
(1972), 陳(1987), 鷲(1997), 森山(1997), 森山(1998) 등), 이는 본서의 실험에서도
충분히 확인가능하다. 「な, かな, けな, けかな, よな」를 합쳐보면 빈도수
가 749회에 이르러 총 발화수의 24.6%에 상당한다.

여기서 한 가지 놀라운 점은 「ね」의 빈도이다. 단독으로 사용된 것이
317회이며, 「かね, けね, よね」를 합치면 총 458회로 전체발화의 15.1%
가 「ね」로 끝나 있다.[14) 앞에서도 서술한 바와 같이 「ね」와 「よ」는 항상

---

14) 「かね, よね, けね」는 각각 단독 종조사로 간주해야 하는가, 아니면 두 조사의 결합으
로 보아야 하는가에 관해서는 의견이 분분하다. 예를 들어 Saigo(2006 : 27)는 조사의
결합으로 보고 「よね」의 경우 「よ」는 「ね」의 기능영역에 포함된다고 주장하였다. 본서
에서는 이 문제에 대해 깊게 다루지는 않으나, 단 「よね」가 「ね」의 변형이라는 입장을
취하고자 한다. 그 근거로는 위의 실험데이터에 나타난 모든 「よね」가 거의 동일한 뉘
앙스로 「ね」와의 치환이 가능하다는 점을 들 수 있다.

화자와 청자의 관계를 바탕으로 설명되어 왔기 때문에 청자가 존재하지 않는 혼잣말에서 이 정도로 빈번히 출현한다는 것은 전혀 예상 밖이었다.

4. 종조사 「ね」와 「よ」

4.1. 선행연구

일반적으로 「ね」는 화자가 해당사항에 관해 청자가 자신과 같은 정보를 갖고 있을 것으로 상정할 경우, 반면에 「よ」는 다른 인지상태에 있다는 것을 상정할 경우 사용된다고 한다. 예를 들어 (5)에서는 화자가 청자 역시 같은 의견일 것으로 판단했을 때는 「ね」가, 그렇지 않은 경우는 「よ」가 사용된다(Uyeno(1971 : 96)).

  (5) そんなことは当り前だね/よ。

「ね」는 정보의 확인과 동의를 요구하거나 동의를 표현할 경우에도 사용된다. 이하는 大曽(1986)에서의 예이다.

  (6) A : 今日は金曜日ですね。(확인요구)
     B : ええ、そうです。
  (7) A : 今日は金曜日ですね。(동의요구)
     B : そうですね。やっと一週間終りましたね。(동의표시)

그러나 加藤(2001 : 33-34)가 지적하고 있는 바와 같이 이러한 분석으로는 (8)의 「ね」와 (9)의 「よ」를 설명할 수 없다.

(8) A：十分じゃないですか。

　　B：私としては、認められませんね。

(9) [같이 비가 오고 있는 것을 보면서]

　　よく降るね/よ。

　인토네이션에 주목했을 때 (9)에서는「ね」가 상승조이지만「よ」의 경우는 하강조가 아니라면 부자연스럽게 들린다. 그리고 이러한 하강조의「よ」를 동반한 발화는 혼잣말로 들린다. 이 문제에 대해서는 뒤에서 좀 더 자세히 고찰하도록 하겠다.

　神尾(Kamio(1994))도「ね」와「よ」의 구분에 관해 동일하게 청자의 존재를 전제로 설명하고 있다.「ね」는 (10a)와 같이 정보가 청자의 영역에 있을 경우, 반면에「よ」는 (10b)와 같이 화자의 영역에 있을 경우 사용된다고 한다.15)

(10) a. 君の妹さん、歌がうまいね。

　　　b. 釧路は寒いよ。[화자는 釧路출신]

　神尾는 필수(必修)적인「ね」와 임의(任意)적인「ね」를 구분하고 있다.「ね」는 (10a)와 같이 해당정보가 청자의 영역에 속하므로 화자가 청자만큼 잘 알지 못할 경우나 (11)과 같이 쌍방이 정보를 공유하고 있는 경우에 필수적으로 사용된다.

---

15) 神尾의 이론에서는 화자의 영역에 속한 정보를, 자신의 경험에 관한 것, 친한 사람과 사물에 관한 사실, 자신의 행동예정, 자신이 잘 알고 있는 장소에 관한 것, 개인의 전문영역 등으로 간주하고 있다(Kamio(1994 : 77). 神尾의 이론은 제4장에서도 상세히 검토하도록 한다.

(11) [같이 하늘을 올려보면서]

　　いい天気だねえ。

　한편 임의적인 「ね」는 (12a)와 같이 정보가 화자의 영역 안에만 존재하는 경우나 (12b)와 같이 쌍방의 영역 밖에 있는 경우에 사용된다. 神尾는 임의적인 「ね」의 기능을 폴라이트니스(politeness)와 협응(協應)적 태도의 표시로 설명하고 있다.

(12) a. ちょっと，郵便局へ行ってきますね。

　　b. 明日は晴れるでしょうねえ。

　Cook(1990, 1992)은 「ね」의 기능에 대해, 이야기 내용에 대한 찬동(贊同)과 같은 지엽(枝葉)적 의미가 아닌, 대화자가 서로 간의 공감·교감(affective common ground)을 확인하고 청자에게 협력을 희망한다는 일종의 의사표현으로 보았다. 이러한 기능을 가진 「ね」는 아래 (13)과 같이 비판적인 정보와 공기(共起)하는 경우가 많다.

(13) お食事のときに，ママ，叱りたくないけどねえ，ひろしのその食べ方には，もう，ママ許せない。

　伊豆原(2003)은, 「ね，よ，よね」를 비교하여 이들은 모두 발화에 따라 화자와 같은 인식을 청자에게 갖게 하는 기능이 있으나, 그 기능을 어떻게 수행할 것인가에 관해서는 상이하다고 분석하고 있다. 그에 따르면 먼저 「よ」는 화자의 인식을 청자에게 전달함으로써 청자의 인식에 변화를 유발시킨다. 다음으로 「よね」는 화자의 인식과 청자의 인식이 일치함을 확인함으로써 화자와 공통된 인식영역을 만든다. 마지막으로 「ね」는 화자의 인식을 청자의 확인 없이 당연히 같은 것으로 취급하여 청자를 화자의 인식영역 안으로 끌어들이는 기능을 갖는다.

伊豆原의 이론상으로 이들 종조사는 모두 청자의 인식 상태에 대해 어떠한 형태로든 요구행위를 하는 것이므로 상황에 따라서는 청자에게 실례를 범할 수도 있다는 위험성을 내포한다. 따라서 (14)와 같은 경우 손윗사람에 대해서는 종조사의 사용을 삼가하는 경우도 많다.

> (14) a. 電話ですけど/<u>よ</u>。
> b. 明日、いらっしゃいますか/<u>ね</u>。

片桐(1995, 2007)에 따르면 대화는 동적(動的)이며 불확실한 정보밖에 얻을 수 없는 상황에서의 공동행위이다. 말한 내용이 상대방에게 전달되지 않았을 수도 있으며, 운 좋게 전달되었다 하더라도 상대방이 이해하지 못할 수도 있다. 그리고 이해되었다 하더라도 동의를 받을 수 있을 지의 여부 역시 불투명하다. 이토록 미덥지 않은 상황에서 커뮤니케이션을 성공시키기 위해서는 참가자가 협력함으로써 공통의 이해를 서로 확인할 필요가 있다(Katagiri(2007 : 1316)).

「ね」와 「よ」는 그러한 어려운 상황 하에서 화자의 발화내용의 수용(受容)에 관한 정보를 제공함으로써 대화조정기능을 수행한다고 片桐는 주장한다. 「よ」는 해당정보를 화자가 이미 자신의 것으로 수용하고 있다는 것을, 반면에 「ね」는 화자가 정보를 반드시 수용한 것은 아니라는 것을 나타낸다. 또한 청자는 화자가 정보를 어떤 식으로 파악하고 있는가를 고려하여 자기 자신의 수용태도를 정하게 된다.

4.2. 「ね」의 분석

본 실험데이터에서는 「ね」가 빈번히 등장하고 있으나 이 사실은 지금까지 살펴본 화자가 억측(臆測)하는 청자와의 정보공유의 유무(有無), 대화자간의 정보의 영역, 서로의 공감·교감, 화자가 청자에게 제공하는 해당정보처리의 길잡이라는 식으로는 결코 설명될 수 없다.

혼잣말에서의 「ね」의 현상을 다룰 수 있는 유일한 이론은 田窪·金水가 제창한 「관리담화모델」(Takubo and Kinsui(1997))뿐이라고 생각한다. 그들도 역시 「ね」는 대화에서만 출현한다고 상정하고 있지만 그럼에도 불구하고 이 모델은 청자의 존재와 대화자간의 정보공유의 유무에 의존하지 않는다. 청자의존을 회피하기 위해 그들은 화자의 지식과 발화형태 사이에 대화적 담화처리를 위한 인지인터페이스를 설정하고 있다.[16]

이 인터페이스는 「직접액세스영역」과 「간접액세스영역」의 2가지 심적 영역으로 구성되어 양쪽 모두 장기기억에 있는 지식베이스에 대한 지표(인덱스, 혹은 포인터)의 격납(格納)장소로 설정된다. 직접액세스영역으로부터 링크된 장기기억의 내용은 대화 이전의 실제체험을 통해 획득한 것이고, 간접액세스영역으로부터 링크된 내용은 언어적·개념적으로 얻은 지식으로 간주된다.

직접체험을 통해 얻은 지식은 정보의 양과 질이 풍부하여 이론적으로는 해당항목에 관해 무수히 다양한 언급이 가능하다. 예를 들어 자신의 모친이 항목이라면 그녀의 나이, 용모, 건강상태, 취미, 능력 등 다양한

---

16) Slobin(1996 : 76)은 사고의 한 형태로 「말하기 위한 사고」(thinking for speaking)를 상정하고 있다. 이는 말하기 위해 필요한 언어구조와 전달수속 등의 지식에 근거한 사고를 가리킨다. 田窪·金水가 말하는 화자의 지식과 발화 사이의 인터페이스와도 공통되는 부분이 많다.

각도에서의 기술이 가능하다. 그와는 대조적으로 만약에 지식이 언어 혹은 추측을 매개로 간접적으로 획득된 것이라면 그 지식은 너무나도 제한적일 수밖에 없다. 예를 들어 「어제 고등학교 동급생인 요시키씨가 전화를 걸어와....」라고 들었을 때 청자가 얻는 정보는 요시키라는 사람이 화자의 고등학교 동창생이며 그 사람이 어제 화자에게 전화를 걸어왔다는 정도에 불과하다. 간접액세스영역은 이러한 언어적·개념적 정보에 대한 지표를 격납한다.

田窪·金水는 무언가에 대해 말을 하기 위해서는 직·간접액세스영역에 모여진 지표를 등록, 검색, 추측, 복사하는 등의 일련의 조작과 제어행위가 필수적이라고 보았다. 이 가설은 본서에서의 혼잣말실험결과를 숙고해보았을 때 지극히 타당하다고 판단된다. 실제로 우리들의 의식 안에 등장하는 사고(종종 「심적 이미지」로 불리는 의사(疑似)적 지각경험)의 출현과 소멸은 찰나(刹那)라 대부분의 경우 언어 없이 사고를 감시·제어하는 것은 불가능에 가깝다. 소리값(音價)이 없는 내언은 사고의 논리성을 조율할 때 도움이 되기는 하지만 내용이 복잡해질 경우 내언의 보조만으로는 부족하다. 그러한 때 혼잣말처럼 언어를 실제로 소리로 내어 사용하게 되면 사고과정의 감시·제어능력이 현격히 향상된다. 주변 소음으로 정신이 산만한 환경에서 수를 세어야 하는 경우 소리를 내어 세어본 경험은 누구에게나 있을 것이다. 그리고 그러한 상황에서는 소리를 내는 것보다 실제로 종이 등에 써봄으로써 사고를 정지·화석(化石)화시키는 편이 보다 효과적임은 새삼 언급할 필요조차 없을 것이다.

혼잣말은 언어를 매개로 순간적인 사고·이미지를 흡사 인지라는 지면에 붙들어 매어 버리는 것과 같다. 이러한 관점에 서게 되면, 田窪·金水의 추측처럼 담화 구성에 있어 필수불가결한 등록, 검색, 추측, 복사 등의 정보조작이 한결 간편해진다. 생각이 순간적으로 이동해가는 상황을 자각(自覺)한 피험자 중 한 명은 아래와 같이 말하였다.

> (15) 혼잣말이란 확실히 엉망이야. 다른 사람이 아닌 내 자신이 지켜보고 있어. 고개를 숙이고 생각을 해. 엉망이야. 그다지 혼잣말과 다르지 않을지도, 일반적으로 말하고 있는 것도. 정말로 엉망일지도 몰라. 음, 엉망이야. 아 술이 마시고 싶어. 설명적이 되면 어떨까? 에-, 음-, 전화 옆에 둔 병 같은 것은 술병과도 상당히 닮았고.... 술병? 음, 뭐라고 하지. 꽤 잘 잊어버리네. 영어가, 영어를 전연 못 하는 주제에 일본어도 좀처럼 말로 안 나오네. 에-, 뭐였지. 에-, 아-, 안 되네. 생각해낼 수가 없어. 어쨌든 일본술이 마시고 싶은지도 모르겠어.

田窪・金水의 모델에서는 대화초기 현장에서 얻은 정보(직접경험)와, 곧 시작될 대화로의 화자의 관여를 상상하는 장기기억에 축적된 정보가 활성화되어, 그들에 대한 지표가 직접액세스영역에 놓이게 된다. 그 후 각각의 대화의 목적에 따라 독자적인 간접액세스영역이 작성되고, 직접액세스영역에서 활성화된 정보가 개념적 지식으로 전환된 후 작업 기억으로 흘러들어가는 과정을 거쳐, 최종적으로 이들 지표는 간접액세스영역에 격납되게 된다.

田窪・金水는「ね」와「よ」에 대해 청자를 위한 것이 아닌 화자 자신을 위한 정보처리・감시지령(指令)으로 파악하였다. 따라서 그들의 모델에서는 화자에 의해 추정된 청자의 지식은 고려되지 않는다. 물론 청자가 화자의 자기감시지령을 탐지하여 그 정보로부터 화자의 심적 정보처리과정을 억측(臆測)하거나 그에 근거하여 자신의 다음 발화를 준비하거나 하는 것은 자유이다. 그러나 田窪・金水는 그러한 발화매개행위(發話媒

介行爲)를 그라이스의 함의론(含意論, Grice(1975))과 같은 화용론적 법칙에 따라 계산된 것으로 보고, 의미론적으로 「ね」와 「よ」에 의해 코드화된 것은 아니라는 점을 강조하고 있다.

田窪·金水의 이론은 「ね」의 기본기능을 정보의 「매칭(matching, 일치)」으로 특징짓고 있다. 매칭이란 어떤 정보를 다른 곳에서 검색하여 그 두 정보가 일치됨을 나타내는 것이다. 두 가지 정보원(情報源)은 두 명의 인물, 혹은 화자개인의 기억에 있는 두 가지 데이터 포인트 중 어느 쪽이어도 상관없다. 예를 들어 (16)에서 B는 먼저 자신의 시계를 보고 바늘이 「7」을 가리키고 있음을 확인한다. 그리고 이 시계가 정확하다는 판단하에 7시라고 상대방에게 시간을 알리는 것이다(Takubo and Kinsui(1997 : 752)).

(16) A : 何時ですか。

B : (시계를 보며) ええと, 7時ですね。

여기서 말하는 매칭이라는 아이디어는 청자와의 지식 분포에 상관없이 「ね」의 유무에 따른 미묘한 차이를 적확하게 설명하고 있다. 「ね」가 없는 경우 B는 단순히 지금 7시라는 것을 말하고 있을 뿐이나 「ね」가 붙음으로 해서 발화 전에 어떠한 계산이 이루어지고 있었다는 느낌이 든다. 따라서 만일 해당정보가 확인을 요하지 않는 자명한 사실이라면 「ね」는 부자연스럽다.

(17) #私の名前は田中ですね。

본서에서의 혼잣말데이터에 포함된 「ね」의 대부분은 매칭이란 기능으

로 설명이 가능하다. 그도 그럴 것이 「ね」는 곳곳의 장면에서 (i)「やっぱ
／さすが, 以外と, そう言えば, なるほど, 実際」 등의 부사구, (ii)경험적
지시사(指示詞) 「あれ」,[17] (iii)가정절(假定節), (iv)「昔の」 등 그 외의 비교표
현 등과 공기하기 때문이다. 이들 「ね」와 관련된 표현은 화자가 해당정
보를 장기기억에 비축해 둔 정보와 조합(照合)하였음을 나타낸다고 볼 수
있다.

> (18) a. でも, <u>やっぱ</u>, 雑誌って日本の雑誌のほうがいいねえ。
> b. あ, <u>さすが</u>, 日本人だねえ。
> c. へえ, <u>なるほど</u>ね。
> d. まあ, 後, こないだ, そうや, <u>あれ</u>はむかついたね。
> e. しょうこちゃんに<u>聞いたら</u>, 分かるかも知れないね。
> f. これ, <u>懐かしい</u>ね。

더불어 「ね」는 「し, もの, から」의 뒤에 붙어 어떠한 논거를 제시하는
경우도 많다.

> (19) a. 独り言, もともと, 全然, 言わないけど。ルームメートもいる<u>しね</u>, 部屋に。
> b. 夏休みぐらいだ<u>もんね</u>, そういうことできんの。
> c. あ, そう言えば, バイトしないとなあ。金ない<u>からね</u>え。

따라서 田窪・金水의 「ね」가 청자를 위한 것이 아닌 화자 자신을 위한
감시・제어장치라는 주장은 혼잣말에도 그대로 통용된다고 볼 수 있다.

---

17) 일반적으로 지시사 「あれ」는 화자가 대상물을 경험적으로 알고 있는 경우, 「それ」는
전달 등을 통해 개념적으로 알고 있는 경우에 사용된다고 판단된다. 자세히는 Hasegawa
(2007)를 참조

4.3. 「よ」의 분석

「ね」의 317회에 비해 혼잣말에 출현하는 「よ」의 빈도는 극단적으로 낮다. 이 실험에서는 3,042개의 총 발화수 중 「よ」가 4회, 「かよ」가 1회에 지나지 않았다. 이에 비해 Maynard(1997 : 88)의 60분 분량의 회화데이터에서는 「ね」는 364회, 「よ」는 128회로, 약 3대1의 비율로 출현하고 있다. 이러한 극단적인 차이는 어디에서 유래하는 것일까?

우선 「よ, かよ」를 포함한 5개의 발화를 보도록 하자. 피험자의 녹음 도중에 휴대전화가 울렸다. 전화를 끊은 후,

(20) 間違い電話かよ。キムって誰だよ。

다음 피험자는 보스턴에서 열린 취직설명회에 참가했던 것을 상기하고 있다(이 「よ」는 혼잣말로는 다소 부자연스럽게 들리지만…).

(21) やあ、九千人以上も留学生がいると思わなかった。ボストン行って、初めて知ったよ。九千人いんのか、アメリカで。九千人てことは、イギリスとオーストラリアの留学生とか合わせたら、一万いんのかな。

3번째 예는 피험자 그룹 주최의 일본축제를 맞이하여 방의 장식, 게임 등의 행사, 제공하는 음식 등에 대해 생각하고 있는 장면이다.

(22) それで、食べ物はとりあえず、並べて売ると。団子売れないよ、絶対。

지금까지 간단히 살펴본 바로는 혼잣말에서의 「よ」는 화자가 부정적인 기분일 때 주로 사용되는 것 같다. (20)의 두 발화는 모두 의문문이지

만 전달되는 뉘앙스는 수사의문문(修辭疑問文)처럼 화자의 실망스러운 기분이다. 실제로 이러한 가정에 따라 아래와 같이 지극히 자연스러운 혼잣말의 예를 쉽게 만들 수 있다.

(23) a. こんなことやってたら, 日が暮れちゃうよ。
b. また, あいつだよ。
c. よく言うよ。

그러나 이에 대한 반례(反例) 역시 그다지 어렵지 않게 찾을 수 있다. 다음은 혼잣말데이터의 5번째 「よ」의 사용례이지만, 이 피험자는 예약한 두 곳의 호텔 중 어느 쪽을 취소할지 고민하고 있다. 여기서의 「よ」는 전혀 부정적인 뉘앙스를 동반하지 않는다.

(24) うん, 安いほうがいいわ↓。あ, でも, 朝食入ってるんだっけ。入って, 入って八千いくらだから, うん, 安いよ, そのほうが。

田窪・金水는 「よ」의 기능에 관해, 추론을 목적으로 정보의 지표를 간접액세스영역에 써 넣으라는 지령으로 해석하고 있다. 통상적으로 이러한 절차는 이미 확인된 장기기억에 있던 정보를 작업 기억에 복사하는 과정을 동반한다. 보통 대화에서 이미 확인된 것을 말하는 것은 청자에게 정보를 전달하기 위함으로 이해된다.

(25) 雨が降っているよ。

그러나 (25)는 단순히 청자에게 정보를 전달할 뿐만이 아니라 「우산을 갖고 가는 것이 좋다」라든가 「피크닉은 중지해야 한다」 등과 같이 청자의 추론을 독려하고 있다.

유감스럽게도 「ね」의 경우와는 달리 田窪・金水의 「よ」에 관한 논의에는 청자 부재(不在)의 예가 없기 때문에 혼잣말 분석에는 전용(轉用)이 불가능하다.

한편 井上(1997)의 「よ」에 대한 설명은 혼잣말 분석에도 도움이 된다. 井上는 상승조인 「よ↑」와 상승을 수반하지 않는(평판, 또는 하강조의) 「よ↓」를 나누어 이하와 같이 분석하고 있다.

> 「Pよ↓」は，話し手と聞き手をとりまいている状況を「Pということが真になるという， そういう状況である」という線でとらえなおすよう強制することを表す。(P63)
>
> (「Pよ↓」는 화자와 청자를 둘러싼 상황을 「P라는 것이 참이 된다는 그러한 상황이다」라는 선에서 다시 이해하도록 강제하는 것이다.)

예를 들어,

> (26) a. あの人, まだあんなこと言ってるよ↓。(困ったもんだ。)
>   b. 男はつらいよ↓。(まあ, しかたないなあ。)

井上에 따르면 화자는 청자로 하여금 (26)이 참인 상태임을 재파악하여 괄호 안과 같은 결론을 도출하도록 독려하고 있다.

「Pよ↑」에 관해서 井上는 단순히 P가 참임을 재확인하는 데서 그치지 않고 (27)에서 보는 바와 같이 그러한 상태에서 어떻게 할 것인가의 문제를 제시하는 기능까지도 수행한다고 보았다.

(27) 甲：井上さんからのファックス届いてますか？

　　乙：ええ，届いてますよ↑。(どうされますか？)

이러한 주장에 따르면 (28)(=(10b))을 깔끔하게 설명할 수 있다.

(28) 釧路は寒いよ。

화자는 하강조의 「よ↓」로 「자신은 가고 싶지 않다」는 의견을, 상승조의 「よ↑」로는 「그래도 가는거야?」라는 상대방에 대한 의문을 암시하고 있다.18)

혼잣말에서 「ね」는 항상 상승조인데 반해 「よ」는 항상 하강조이다. 이러한 사실은 「よ↑」는 청자의 존재에 의존하지만 「よ↓」는 그렇지 않다는 井上의 설명에 부합한다.

그렇다면 본서의 혼잣말데이터 상으로 「よ」 뒤에 어떤 식으로든 추론이 행해지고 있다고 볼 수 있을 것인가? 아니면 그러한 추론은 내언으로 나타나는 것인가? 이하 이들 문제에 대해 검토하도록 한다.

(20)에서 의문문인 「間違い電話かよ」는 뒤에 또 다른 의문문인 「キムって誰だよ」가 이어진다. 이러한 연속은 추론이라고는 볼 수 없을 것이다. 두 번째 문장이 끝난 후에 피험자는 전화에 대해서는 언급하지 않은 채 다른 화제로 옮겨가고 있다.

(21)에서 피험자는 「ボストン行って，初めて知ったよ」라고 말한 후, 「九千人いんのか，アメリカで。九千人てことは，イギリスとオーストラリアの留学生と合わせたら，一万いんのかな」라는 확실한 추론행위를 이어가고

---

18) 田窪・金水는 「よ↓」에 대해서는 고찰하지 않고 있으나, 「よ↑」에 대한 설명은 井上도 田窪・金水도 기본적으로는 동일하다고 단정할 수 있다.

있다.

(22)에서도 피험자는 「団子売れないよ, 絶対」라고 말한 후, 아래와 같이 추론하고 있다.

> (29) て言うか, 利益出すには, ま, たこ焼きは売れるとして, 団子がかなり
>   売れないとまずい, と。

(24)에서는 유감스럽게도 「うん, 安いよ, そのほうが」가 이 피험자의 최종발화인 관계로 여기서 고찰하고자 했던 가설의 검증은 불가능하였으며, 더불어 본 실험에서 관찰된 「よ」의 발화표본수(發話標本水)가 상당히 미미하여 신빙성 있는 결론에는 다다르지 못하였다. 그러나 이 데이터만 놓고 보더라도 「よ」는 화자자신에 대한 추론지령으로 봐도 무방할 듯싶다.

5. 종조사의 습득

지금까지 관찰해 온 바와 같이 「ね」는 혼잣말, 대화에 상관없이 빈번히 사용된다. 본서에서는 혼잣말에서의 「ね」가 해당정보를 다른 정보와 매칭시켜 「말하기를 위한 사고」의 감시·제어를 위해 사용된다고 해석한다. 한편 대화에서의 「ね」의 기본기능은 대화자와의 우호·협력관계를 만들어 내거나 유지하는 것이라고 생각한다(4.1절 참조). 그렇다면 이 두 기능은 과연 독립적인 것일까? 아니면 어느 한쪽이 다른 쪽으로부터 파생된 것일까? 이 물음에 대한 해답을 찾고자 본 절에서는 유아의 언어

습득 과정에 대해 고찰해보도록 한다.

유아가 최초로 습득하는 종조사는 「よ, の, ね」이며 이 순서로 1.5-2세 경에 형태소 단위의 평균 발화장(發話長)이 약 2정도로 발현된다(大久保 (1967 : 84)). Clancy(1986 : 429)는 유아의 「ね」의 대부분이 모친의 발화를 부분적으로 반복한 후에 일어난다는 점에 주목하여 그러한 모자간의 발화의 반복이 정보공유의 원형모델로 작용할 것으로 추측하였다. 또한 Clancy는 「ね」가 요구, 사죄, 그 외 상대가 기뻐할 것 같지 않은 사항을 말할 경우에 자주 사용되나(예 : 「ごめんね」), 그러한 경우는 친밀함을 전면에 내세워 바람직하지 않은 부분의 충격을 완화시키는 완충(緩衝)기능이 있다고도 주장하였다.

錦巻(1997)는 만일 「ね」의 중심기능이 청자와의 공감과 화제의 공통성을 표현하는 데 있다고 한다면, 자폐아는 이러한 능력에 장애가 있기 때문에 「ね」를 전혀 사용하지 않거나 만약에 사용하더라도 정상아에 비해 그 빈도는 극히 낮을 것이라는 가설을 세웠다.

자폐아는 자신과 타자의 심리상태를 추측하여 행동에 의미를 부여하거나 예측하는 「마음의 이론」(theory of mind)을 습득할 수 없기 때문에 원활한 대화가 불가능하다고 한다. 또한 그들은 「믿는다, 생각하다」 등의 인식에 관한 어휘가 부족하여 정상아의 경우 2.5세를 전후로 그러한 단어를 사용하여 인지상태에 대해 언급하기 시작하는 것과는 확연한 대조를 보인다(Tager-Flusberg(1992)).

또 다른 중요한 차이는 정상아가 생후 9개월경부터 「ほら」와 같은 공동주의(joint attention) 요구를 시작하는 데 비해 자폐아는 그러한 요구를 전혀 하지 않는다는 점에 있다.

錦巻는 6세 자폐아 남아(男兒)와 5세 정신지체 남아의 1시간씩의 발화

표본을 비교하여 표 2와 같은 결과를 얻었다.[19](각각의 조사의 기능은 錦巻
의 판정에 의함.) 표 2의 정상아의 자료는 大久保(1967)에서의 인용으로 피
험자인 여아(女兒)가 18개월부터 2세까지의 기간과, 2세1개월부터 3세까
지의 기간 사이에 채집되었다.[20] 「よ／ばい」처럼 두 조사가 표시되어
있는 경우 후자는 전자의 큐슈방언의 변종에 해당한다. 자폐아와 정신지
체아는 둘 다 큐슈방언화자이지만 자폐아 쪽은 큐슈방언형을 전혀 사용
하지 않고 있다. 정상아인 大久保의 피험자는 도쿄방언화자이다.

표 2 자폐아, 정신지체아, 정상아의 종조사 사용빈도

연령 발화수(發話數)	자폐아 6세 580	정신지체아 5세 530	정상아 1 ; 6-2 ; 0세 809	정상아 2 ; 1-3 ; 0세 1,932
よ／ばい (친밀)	3/0	29/6	65/0	186/0
ね (공감)	0	25	44	292
の／と (중문)	0	2/20	111/0	343/0
かな (암시)	0	20	1	1
な (영탄(詠嘆))	0	7	0	6
もん (유감/불만)	0	4	7	23
から／けん(결의)	0	1/3	8/0	54/0
って (인용)	0	2	16	22
ぞ (강조)	0	3	1	1
の／と (질문)	32/0	0	0	0
て (의뢰)	6	18	65	113
か／とか (질문)	3/0	4/3	2/0	21/0
합계	44	147	320	1,062

---

19) 錦巻는 피험자인 자폐아의 경우 정신지체는 없으며 오히려 철도시각표의 역명을 정확
하게 기억하는 것과 같은 고기능자폐아의 특징이 관찰된다고 보고하고 있다.
20) 大久保(1967)의 데이터는 자기 아이들의 발화를 기록한 것으로 18개월부터 2세까지의
기간에는 매월 15분, 2세1개월부터 3세까지는 매월 15-45분 녹음하였다.

표 2에서 보듯이 자폐아의 대인관계시의 조사의 사용빈도는 상당히 낮다. 특히 「ね」의 사용은 전무(全無)하다. 성인화자의 발화에서 「ね」가 가장 빈도가 높다는 것을 고려했을 때 자폐아가 「ね」를 사용하지 않는다는 것은 대단히 놀랍다.

표 2에서 또 하나 주목해야 할 점은 정상아의 경우, 종조사습득의 초기단계에서는 「ね」와 「よ」가 거의 동일한 비율로 등장하지만, 점차로 「ね」가 「よ」를 능가하게 된다는 사실이다. Maynard(1997 : 88)의 성인화자 데이터에서 「ね」와 「よ」의 비율이 3 : 1이었던 점을 다시금 상기해주기 바란다(4.3절 참조).

본 절의 내용을 요약정리하자면, 유아는 보통 상당히 빠른 시기에 「ね」를 습득하여 자주 사용하게 된다. 그에 비해 타자와의 커뮤니케이션에 문제가 있는 자폐아의 경우는 「ね」를 좀처럼 습득하지 못한다. 이러한 사실은 언어는 본래 사회적으로 습득된다는 Vygotsky의 이론(제2절 참조)을 지지(支持)한다고도 볼 수 있다. 「ね」는 사교적, 전달적 표식이므로 사교·전달능력이 떨어지는 사람은 애초에 그 습득이 불가능한 것이다. 유아에서 성장한 아동은 「ね」의 매칭기능을 추출하여 자기의 사고를 감시·제어하는 데 사용하기 시작한다. 이러한 이행(移行)이 실제로 어떻게 일어나는가에 대해서는 향후 보다 많은 연구가 필요할 것이다.

6. 「ね」와 「よ」의 빈도차

혼잣말에도 자주 사용되는 「ね」와 달리 「よ」가 혼잣말에 거의 등장하지 않는 것은 어째서일까? 여기서 혼잣말에서의 「ね」의 기능이 정보의 매칭인데 반해 「よ」의 기능이 추론의 지령이라는 가설을 인정한다면 이러한 극단적인 분포차도 일정 부분 납득이 간다. 인간의 기억에 관한 최근의 인지과학적 연구를 토대로 이 문제에 대해 고찰해보자.

인간은 일생동안 끊임없이 계속 배워나가는 동물이며 의식여부를 떠나 항상 주위의 환경으로부터 새로운 지식을 얻고 있다. 인간이 어떤 식으로 이러한 끊임없는 정보의 유입을 처리하고 있는가를 규명하기 위해 Atkinson and Shiffrin(1968)은 작금(昨今)에 폭넓은 지지를 얻고 있는 기억모델을 제창하였다. 이 모델의 도입부분은 감각등록기(sensory register)로 불리며 주변 환경에서의 시각적·청각적 자극을 아주 단기간(1초 이내) 동안 유지한다. 감각등록기를 통해 선택적으로 주의가 기울여진 정보는 다음 단기저장고(short-term store)로 보내진다. 여기서의 정보유지는 리허설(머릿속에서의 복창)이라 불리는 유지활동 없이는 약 30초가 한계라고 한다. 기억의 세 번째 구성부분은 장기저장고(long-term store)로 불리며 용량은 무한대로 영속(永續)적인 보존이 가능하다.

이러한 종류의 기억모델에서는 획득된 새로운 정보가 임시로 「작업기억」(working memory) 내에 보존된다고 가정한다.[21] 그 후 일시적으로 축적된 정보의 일부는 코드화(체제화·부호화, 뇌과학의 용어로는 「고정」(consolidation)) 되어 장기기억으로 전송된다. 후에 새로운 환경에서 과거에 저장된 정보가 검색(상기)된 후 작업 기억으로 이동하게 되고, 거기에 있는 새로운 정보와 융합, 재구성되게 된다.

코드화, 저장, 검색과정에서 인간은 항상 새로운 정보와 장기기억에

---

21) Atkinson and Shiffrin(1968 : 83)은 「작업 기억」을 다음과 같이 설명하고 있다. 단기저장고는 통상 「의식」과 동일하다고 봐도 무방하다. 즉 그때그때 의식된 정보와 사고는 단기저장고의 내용이라고 할 수 있다. 또한 사고와 정보의 처리는 의식적으로 이루어지는 것이므로 단기저장고는 다름 아닌 작업 기억이라고 볼 수 있다.

있는 낡은 정보 사이에 모순이 없는지를 확인하는데 이 가설을 입증할 만한 데이터는 셀 수 없을 정도로 많다. 예를 들어 Bartlett(1932)의 실험에서 성인영어화자인 피험자는 서양의 민화(民話)에서는 도저히 생각해 낼 수 없는 줄거리의 북미원주민의 민화를 듣고 20시간 후에 가능한 한 자세히 기억해내고자 하였다. 그 결과 이야기가 부분적으로 생략될 때도 있었고 실제 이야기보다도 자세히 설명될 때도 있었다. 또한 그 중에는 자신의 세계관과의 일관성을 담보하고자 하는 노력에서 오리지널에는 전혀 없는 정보가 가미(加味)되는 경우도 있었다. 즉 이야기가 코드화되는 과정 혹은 검색되는 과정에서 피험자는 장기기억 내의 기존의 익숙한 민화의 줄거리와 새롭게 들은 민화를 조합하여 일관성을 확인한다는 것이다.

또 다른 예로 신규개념의 학습이 이미 갖고 있던 지식에 근거한다는 사실이 잘 알려져 있다. Clement et al.(1989)는 물리과목을 아직 이수하지 않은 고교생에게 (30)과 같은 물리질문을 주고 각각의 질문의 답에 어느 정도 자신이 있는가를 0-3(0=전적으로 어림짐작, 3=절대로 확실함)의 수치로 답을 받았다.

> (30) 당신은 매트리스의 용수철을 누른 상태로 침대를 손으로 누릅니다. 10센티까지 넣었을 때 누르던 것을 멈추고 손을 정지시킵니다. 그렇게 정지하고 있는 상태에서도 용수철은 당신의 손을 튕겨 내려고 하고 있습니까?
> a. 예
> b. 아니오

새로운 것을 배울 때, 닮은 현상을 미리 알고 있어 그것을 유추(analogy)

의 토대(土臺)로 사용할 수 있다면 보다 효과적일 것이다. 이 조사에서는 자신도(自信度)가 2이상인 정답은 그 학생에게 있어 유추토대예(類推土臺例)로 사용이 가능하며 최저 70%의 학생이 자신도 2이상으로 정답을 맞힌 경우 그 질문은 그 그룹의 유추토대예로 사용될 수 있다고 간주된다(또한 질문(30)의 정답률은 93%로 자신도 역시 높았다). 다음으로 조사용으로 마련된 물리입문 수업에서 그룹 유추토대예를 사용하여 새로운 개념을 도입해보았다. 이 실험에서는 거의 대부분의 학생이 새로운 아이디어를 합리적이라고 판단하였다. 즉 기지(旣知)정보에 근거한 신개념은 학습이 용이(容易)하다는 것이다.

이들 실험결과는 인간이 빈번하게 행하는 기억 조작이 매칭임을 증명하고 있다. 따라서 그 기본기능을 매칭이라 본다면 「ね」가 혼잣말에 자주 등장하는 것은 지극히 당연하다 할 수 있다. 이에 비해 「よ」의 기본기능으로 상정한 추론은 상당히 복잡한 행위이다.

추론행위는 정보의 매칭을 포함하지만 한편으로 그것을 초월한 행위이기도 하다. 이를 지지하는 연구로는 Loftus and Palmer(1974)의 실험이 있다. 그들은 대학생에게 2대의 자동차사고에 관한 짧은 비디오 7편을 보여주고 충돌시의 스피드를 추측하게 하였다. 질문은 "About how fast were the cars going when they_____ (into) each other?"(차끼리 ____ 했을 때 어느 정도의 스피드로 달리고 있었습니까?)라는 형식으로 피험자에 따라 밑줄부에 smashed(격돌하였다), collided(충돌하였다), hit(부딪쳤다), bumped(부딪쳤다), 혹은 contacted(접촉하였다)라는 식으로 다른 단어가 사용되었다. 결과는 질문에 smashed가 사용되었을 때 가장 빠른 속도의 산출이, contacted가 사용되었을 때 가장 늦은 속도의 산출이 나왔다. 이 경우 피험자는 처음에 비디오에서 본 사고 장면을 기억해내면서도 최종적으로는 질문에 포함된 동사의 의미내용에 이끌려 차의 스피드를 추측하고 있었던 것이다.

이러한 피험자의 추론행위는 질문으로부터 환기된 정보를 기억 속의 비디오에서 본 사고 장면과 조합한다는 의미에서 정보의 매칭을 전제로 한다고 볼 수 있다. 한편 기지(既知)정보와의 조합만으로 불명확한 경우, 질문에 등장한 단어로부터 환기된 새로운 정보를 단서로 하여 사고 상황을 재파악한다.

이런 관점에서 보자면, 매칭은 기지정보와의 조합만으로도 충분하므로 사고의 일관성·연속성의 유지가 용이한데 반해, 추론의 경우는 기지정보와의 조합만으로는 부족하여 새로운 정보에 근거한 재인식이 요구되므로 사고의 일관성·연속성이 (일시적이긴 하나) 끊길 우려가 있다. 바로 이 점이 「ね」와 「よ」의 혼잣말에서의 등장여부를 결정짓는 요인이 아닐까?

7. 정리

본 장에서는 실험적으로 수집한 혼잣말데이터에서의 종조사 「ね」와 「よ」의 기능을 고찰하였다. 이들은 모두 전통적으로는 화자와 청자의 지식 분포를 바탕으로 분석되어 왔다. 그러나 이들 종조사가 화자와는 정보량에서 차이를 보이는 청자가 등장하지 않는 혼잣말에도 출현한다는 사실은 대다수의 선행연구로는 설명될 수 없다. 본 장에서는, 혼잣말에서의 「ね」는 田窪·金水의 담화관리모델이, 「よ」는 井上의 분석이 유효함을 실증하였다.

또한 심리학적 측면에서 일본어모어화자는 처음에 이들 종조사를 사교적, 전달적 수단으로 습득한 후, 점차로 자신의 내부세계에서도 사용할 수 있게 된다는 식의 추측이 타당할 것 같다. 그러나 이러한 종조사의 기능이 어떤 식으로 확대되어 갈 것인가에 관해서는 향후 보다 많은 연구가 기대된다.

「ね」는 대화는 물론, 혼잣말에서도 빈번히 사용되나 「よ」는 혼잣말에서의 사용도가 극단적으로 낮다는 사실에서도 인간의 사고 안에서 「ね」가 지령하는 작업(즉, 정보의 매칭)은 빈번히 행해지나, 「よ」가 지령하는 작업(즉 추론)은 그다지 많지 않음을 알 수 있다.

제4장

전문(傳聞)과 정보의 영역(情報のなわばり)

1. 들어가며

　외국인일본어학습자가 습득에 애를 먹는 일본어의 특징 중 하나가 전문(傳聞)표현의 사용이다(鎌田(1988, 2000), 小林(2003), 杉浦(2007) 등). 전문이란, 타자로부터 들었던 것을 다른 청자에게 전달하는 것으로 일본어에서는 「という(ことだ)」「そうだ」「ようだ」「らしい」「って」 등이 전형적인 전문표현에 해당한다.

　鎌田(1988)는 상급레벨의 학습자라도 이들 표현을 회화 안에서 자유롭게 구사할 수 없음을 보여주는 예로서 다음과 같은 미국인 학습자의 발화데이터를 들고 있다.

(1)　L：いいえ，あのう，(X先生は) 前に旅行したことがあるとおっしゃってました。あのう，細かいことで言うと，{X先生は前に(アメリカに)来たことがありますけど，お仕事できたことがありますけど，その時は5日間ぐらい会議に来るためにいらっしゃいました。}{先生はその時少し

　　旅行をしました。}

(2)　D：初めに，あのう，Lさんが，X先生に，あのう，なぜ日本語を教えて
　　　らっしゃいますかと聞いたら，X先生が最初は日本語の先生になるつも
　　　りがなかったとおっしゃってました。{最初は大学は国語学の専門とし
　　　て，助詞，日本語の助詞が段々なくなってきたという傾向について論文
　　　を書きました。}

　(1)과 (2)는 일본어를 곧잘 하는 상급레벨 학생의 발화이며, 발화자인
L과 D는 최초의 문장에서는 X선생의 발언부분을 「～とおっしゃってま
した」라는 정확한 전문형식을 사용하여 나타내고 있다. 그러나 { }로
둘러싸인 부분도 X선생으로부터의 전문정보이므로 자연스러운 일본어
가 되기 위해서는 「～だそうです」나 「～ということです」 등의 합당한 전
문표현이 보충되어야 한다. (1)과 (2)만으로는 { }부분의 직접적인 발신
원(發信源)이 L과 D자신이라는 오해를 사게 된다. 鎌田가 지적하는 바와
같이 상급레벨의 일본어학습자라도 이러한 미스를 범하는 것은 영어와
같은 언어에서는 이 경우 He said와 같은 전문형식을 따로 덧붙이지 않
아도 된다는(구체적인 예는 본 장의 제3절에서 자세히 다루도록 한다) 식의 모어
의 영향(모어간섭, 언어간섭)을 받기 때문으로 판단된다.

　鎌田(1988, 2000), 神尾(1998), 山口(1998) 등의 연구에서는 정보전달과 문
형식의 관계에 있어 일본어·영어에는 일반적으로 다음과 같은 차이가
있음이 규명되어 있다. 즉 전문·인용이 관련된 간접적인 정보전달의 경
우 일본어는 그 간접성을 언어적으로 명시할 필요가 있으나 영어는 그
럴 필요가 없다는 것이다. 특히 神尾는 이러한 일본어와 영어의 차이를
「정보의 영역(情報のなわ張り)」이라는 개념을 근거로 설명하고 있다. 「정보
의 영역」이란, 발화가 전달하는 정보가 누구에 속해 있는가의 문제로 영

어에서는 타자로부터 들은 정보를 화자의 영역으로 도입할 수 있으나 일본어에서는 그것이 불가능하다.

본 장에서는 「전문」과 「정보의 영역」을 대상으로 일본어와 영어에서 이러한 차이가 발생하는 근본적인 요인에 대해 고찰하도록 한다. 먼저 제2절에서는 神尾의 「정보의 영역이론」을 개괄적으로 소개하고 정보의 영역과 문형식의 관계에 관한 일본어와 영어의 공통점과 상위(相違)점에 대해 간단히 논하고자 한다. 제3절에서는 전문에 관한 일본어·영어의 차이를 상세히 살펴본다. 제4절에서는 본서에서 지금까지 논해 온 사적 자기·공적 자기의 관점에서 전문에 관한 일본어와 영어의 차이를 원리적으로 설명하도록 한다. 일본어의 경우 전문정보를 전달함에 있어 전문표현이 불가결한 것은 일본어가 원래 사적 자기중심의 언어로 전달성이 약하기 때문이다. 반면에 영어의 경우 전문표현에 의존하지 않고도 전문정보를 전달할 수 있는 것은 영어가 공적 자기중심의 언어로 전달성이 강하기 때문이다.

2. 정보의 영역

神尾(1990)는 발화가 전달하는 정보가 화자와 청자 중 어느 쪽의 영역에 속하는지에 따라 발화의 문형식이 다르다는 점에 주목하여 정보의 영역이론을 제안하고 있다. 정보의 영역에 속한 정보란, 화자 혹은 청자가 자기에게 귀속되어 있다고 간주하는 정보로, 예를 들어 자신의 직접체험을 통해 얻은 정보나 자신의 개인적 사항에 관한 정보, 자신의 직업적·전문적 영역에 관한 정보 등 자신에게 있어 확정적이자 심리적으로

「가까운」 정보가 이에 해당한다(상세히는 神尾(1990 : 33)을 참조).

神尾에 따르면 모든 언어는 어떤 정보가 화자·청자 중 어느 쪽의 영역에 속하는가에 따라 다음에 제시한 4가지 경우로 나뉜다.[22]

> A : 화자의 영역에 속하고 청자의 영역에 속하지 않음.
> B : 화자의 영역에도 청자의 영역에도 속함.
> C : 화자의 영역에 속하지 않으며, 청자의 영역에 속함.
> D : 화자의 영역에도 청자의 영역에도 속하지 않음.

각각의 경우와 문형식의 관계에 대해서 간단히 살펴보도록 한다. 문형식에 대해서는 「직접형(直接形)」과 「간접형(間接形)」이란 개념이 사용된다. 직접형은 「今日は気分がいい」나 「つくばは雨が降りました」처럼 술어(述語)로 끝난 문장, 그리고 정중체인 「です·ます」 등이 부가된 형태이다. 그에 비해 간접형은 「大雨は雨だろう」「大阪は雨だそうです」「大阪は雨だと思われます」 등과 같이 추량과 전문, 주관적 판단 등을 나타내는 요소가 부가된 문형식이다.

우선 A의 경우부터 구체적으로 살펴보도록 하자. 예를 들어 (3a)는 화자의 어제 있었던 개인적인 행동을 말하고 있고, (3b)는 화자의 신체적 상태를 서술하고 있어 이들 문장이 전달하는 정보는 화자의 영역에는 속하지만 청자의 영역에는 속하지 않는다.

---

22) 이 분류는 神尾(1990)에 제시된 것으로 그 후에 발표된 神尾(1998)에서는 정보가 화자·청자의 영역에 속하는가 아닌가라는 이진법(二進法)적 인식방법에서 정보가 화자·청자의 영역에 어느 정도 속하는가라는 다진법(多進法)적 인식방법으로 수정되는 한편, 6종류의 분류가 새롭게 제안되었다. 그러나 이는 본서의 논의와는 직접적인 관련이 없으므로 이해의 편이를 위해 여기서는 초기의 이론을 따르도록 한다.

(3) a. 昨日 (ぼくは) 動物園に行ってきました。

　　b. わたし, 頭が痛い。

이 경우 (3)과 같이 직접형이어야 하며, 만약에 (4)와 같이 간접형이 되면 의미적으로 기묘한 발화가 되고 만다.

(4) a. ?? 昨日(ぼくは)動物園に行ってきた<u>らしい</u>。

　　b. ?? わたし, 頭が痛い<u>ようよ</u>。

B의 경우는 다음과 같은 예가 해당한다.

(5) a. いい天気です<u>ねえ</u>。

　　b. きみ, 最近少しやせた<u>ね</u>。

(5a)는 날씨에 관한 인사 발언이며 그 정보는 화자와 청자 사이에 공유된 것이다. (5b)는 청자가 조금 야윈 것을 화자가 직접 자각하여 얻은 정보이므로, 화자의 영역에 속할 뿐만 아니라 한편으로 청자에게 있어서는 자기의 신체에 관한 정보이므로 청자의 영역에도 속한다고 볼 수 있다. 이러한 경우에 사용되는 발화에는 문말(文末)에 「ね」혹은 그 변이형 (變異形)인 「ねえ」,「な」등이 필요하다. 이들 종조사가 없다면 다음과 같이 용인될 수 없게 된다.

(6) a. *いい天気です。

　　b. *きみ, 最近少しやせた。

「ね」에 선행하는 부분은 A와 같은 직접형이므로 B에 사용된 문형식은「직접ね형」으로 불린다.

C는 A와는 반대로 화자의 영역이 아닌 청자의 영역에 속하는 정보를 전달하는 경우로 다음과 같은 예가 있다.

(7) a. きみは退屈<u>そうだね</u>。
　　b. きみの住んでいるところは寒い<u>らしいね</u>。

(7a)는 청자의 심리상태에 관한 정보이며 (7b)는 청자가 사는 지역에 관한 정보이다. 어느 쪽도 청자의 영역 안에 있지만 화자에게는 영역 밖에 해당한다. 이 경우의 문형식은 간접형에「ね」가 덧붙여진 형태가 되며「간접ね형」으로 불린다. (7)의 상황에서「ね」가 없으면 다음과 같이 부자연스러운 문장이 된다.

(8) a. ??きみは退屈<u>そうだ</u>。
　　b. ??きみの住んでいるところは寒い<u>らしい</u>。

마지막으로 화자・청자 쌍방의 영역 밖이 문제가 되는 D는 다음과 같이 간접형이 사용된다.

(9) a. 明日も暑い<u>らしいよ</u>。
　　b. アラスカの自然はすばらしい<u>って</u>。

(9a)에서 내일 기온에 관한 정보는 화자에게도 청자에게도 불확정적인 것이며 고로 쌍방의 영역 밖에 있다고 볼 수 있다. 또한 (9b)에서는 화자, 청자 모두 알래스카에 간 적이 없으며 자연에 관한 정보 역시 쌍방의 영역 밖에 있는 정보이다.

이상과 같이 A부터 D까지의 4가지 경우에 따른 일본어의 정보의 영역과 문형식의 관계는 다음과 같이 정리될 수 있다(ST는 화자의 영역을, HT는 청자의 영역을 가리킨다).

  (10) 일본어의 정보의 영역과 문형식의 관계
    A (ST안·HT밖) : 직접형
    B (ST안·HT안) : 직접ね형
    C (ST밖·HT안) : 간접ね형
    D (ST밖·HT밖) : 간접형

A/B와 같이 정보가 화자의 영역 안에 있는 경우는 직접형이 관여하고, C/D와 같이 화자의 영역 밖에 있는 경우는 간접형이 관여한다. 한편 B/C와 같이 정보가 청자의 영역 안이라면 문말에 「ね」형이 사용되어야 한다. 따라서 일본어에서는 A부터 D까지의 4가지 경우에 대해 각각 다른 문형식이 선별적으로 사용되고 있다고 볼 수 있다.

또한 神尾에 따르면 일본어와 달리 영어에서는 정보가 화자와 청자 중 어느 쪽 영역에 속하는가에 상관없이 항상 직접형이 선택된다. 반면에 정보가 화자의 영역에 속해 있지 않다면 청자의 영역에 속하는지의 여부에 관계없이 항상 간접형이 선택된다. 따라서 영어의 정보의 영역과 문형식의 관계는 다음과 같다.

  (11) 영어의 정보의 영역과 문형식의 관계
    A (ST안·HT밖) : 직접형
    B (ST안·HT안) : 직접형
    C (ST밖·HT안) : 간접형
    D (ST밖·HT밖) : 간접형

A부터 D에 해당하는 영어의 예는 다음과 같다(각각에 대응하는 일본어역 (日本語譯)의 문형식도 같이 제시해둔다).

> (12) a. I first met Susan ten years ago. [직접형]
>> (わたしが初めてスーザンに会ったのは10年前だ。[직접형])
>
> b. I am in my office this afternoon. [직접형]
>> (今日の午後はオフィスにいるよ。[직접형])
>
> (13) a. It's a beautiful day. [직접형]
>> (すばらしい天気だね。 [직접형])
>
> b. You've taken good care of me. [직접형]
>> (きみは, よくぼくの世話をしてくれたね。 [직접형])
>
> (14) a. You seem to have forgotten that. [간접형]
>> (あなた, あのこと忘れてるみたいね。[간접형])
>
> b. I hear your son is a medical student at Harvard. [간접형]
>> (お宅の息子さんはハーバードの医学部に行ってらっしゃるそうですね。[간접형])
>
> (15) a. I hear winter in Quebec is hard. [간접형]
>> (ケベックの冬は厳しいらしい。[간접형])
>
> b. Your dream may come true. [간접형]
>> (きみの夢は実現するかもしれないよ。[간접형])

(12)는 A의 경우로 해당정보가 화자의 영역 안에 있으나 청자의 영역에는 속하지 않는다. (13)은 B의 예로, (13a)가 날씨 정보, (13b)가 화자·청자의 직접경험에 관한 정보이므로 어느 쪽도 화자·청자 쌍방의 영역 안에 속한다. 그러나 이 경우 역시 A와 동일하게 직접형이 사용되고 있다. (14)는 C의 예로 해당정보는 청자의 내적개념과 가족에 관한 정보이므로 청자의 영역에는 들어가나 화자에게는 영역 밖이다. (15)는

D의 경우로, (15a)는 화자·청자 모두 퀘벡의 겨울을 경험하지 않았음이 전제가 되어 있고, (15b)는 청자의 꿈의 실현이 화자, 청자 모두에게 있어 확정적인 예측이 불가능한 사항이기에 영역 밖의 정보가 된다. 영어에서는 C의 (14), D의 (15) 모두 밑줄 친 추량이나 전달 등을 나타내는 표현을 덧붙인 간접형이 사용된다.

이상의 내용을 통해 정보의 영역과 문형식의 관계에 있어 일본어와 영어 사이에 공통점과 상위점(相違点)이 존재함을 알 수 있다. 우선 공통점은 일본어와 영어를 막론하고 화자의 영역에 속하지 않는 정보에 대해서는 직접형을 사용할 수 없다는 것이다. 반면에 상위점으로는 영어의 경우 정보가 청자의 영역에 속하는지의 여부가 문형식의 차이에 반드시 반영될 필요가 없으나 일본어는 그렇지 않다는 점이다.

神尾(1990 : 79-80)는 공통점에 대해서는 다음과 같은 원칙이 일본어와 영어의 정보표현에 작용한다고 보았다.

　　(16) 侵入を避けよ。(침입을 피하라)

여기서 말하는 「侵入」이란 자기 영역에 속하지 않은 정보를 마치 자기 영역에 속해 있는 것인 양 다루는 것을 말한다. (16)의 원칙에 따르자면 화자의 영역에 속하는 정보와 그렇지 않은 정보는 서로 다른 문형식으로 표현되어야 하며 실제로 일본어와 영어는 모두 그런 식으로 되어 있다.

일본어와 영어의 상위점으로는 영어와 달리 일본어에서는 또 다른 하나의 원칙이 작용하는데 다음이 그 예에 해당한다(神尾(1990 : 80)).

　　(17) 聞き手を無視することを避けよ。(청자를 무시하는 것을 피하라)

이 원칙에 따르면 화자는 청자 쪽에 있어서의 정보의 영역관계를 무시해서는 안 된다. 따라서 정보가 청자의 영역에 있는 경우 그것을 문형식에 반영해야 한다. 이를 통해 일본어의 경우는 (16)에 (17)의 원칙이 더해져 상기의 A부터 D까지의 4가지 경우를 언어형식적으로 구별할 수 있게 된다.

그렇다면 일본어가 애당초 (17)과 같은 원칙에 따라야만 하는 이유는 어디에 있을까? 神尾는 이 점에 대해서는 아무런 언급을 하고 있지 않으나, 본서에서의 지금까지의 논의과정을 통해 다음과 같은 이유가 상정될 수 있다. 제1장에서 상세히 논한 바와 같이 일본어는 사적 자기중심의 언어이며 본래 전달성이 약한 성격의 언어이다. 따라서 청자에게 정보전달을 행할 경우 언어적으로 청자를 무시해 버리면 의도된 전달성이 달성되지 못할 수도 있다. 그러한 사태를 방지하기 위해 일본어에서는 제1장에서 살펴본 다양한 청자지향의 공적 표현이 발달되어 있고 그것을 대인관계에 맞춰 선별적으로 사용하게끔 되어 있다. 또한 정보의 영역관계에 있어서도 화자가 청자의 영역에 대해 민감히 반응해야 한다.

3. 전문에 관한 일본어와 영어의 차이

앞 절에서는 神尾(1990)의 정보의 영역이론의 개략(槪略)을 소개하는 한편, 어떤 정보가 화자·청자 중 어느 쪽 영역에 속하는가에 따라 어떤 문형식이 취해지는지를 살펴보았고, 마지막으로 이 경우의 일본어와 영어의 공통점과 상위점에 대해 논하였다. 본 절에서는 神尾(1998)에서 지적된 전문과 정보의 영역에 관한 일본어와 영어의 차이에 대해 고찰하도록 한다.

앞서 언급한 바와 같이 자기 영역에 관한 정보란 자기에게 있어 확정적이면서 심리적으로도 가까운 정보로 기본적으로는 일본어와 영어 사이에 큰 차이는 없다. 그러나 神尾(1998)는 이 점에 관해서도 일본어와 영어 사이에 한 가지 중요한 차이가 있다고 지적하고 있다. 그것은 다름아닌, 영어에서는 타자로부터 들은 정보를 (신뢰해야만 하는 것이라면) 바로 자기 영역으로 끌어들이는 것이 가능하나, 일본어에서는 그것이 불가능하다는 점이다. 이 차이는 다른 사람으로부터 들은 이야기를 청자에게 옮길 경우, 일본어는 그것이 전문・인용이라는 것을 언어적으로 명시해야 하지만 영어는 그럴 필요가 없다는 사실에 근거한다.

예를 들어 (18)의 맥락에서 제인이 친한 지인인 잭이 말한 것을 모친에게 그대로 전달할 경우, 영어는 (18a)에 제시한 것처럼 He said와 같은 전달절(傳達節)을 사용하지 않아도 직접적으로 단언(斷言)할 수 있다. 이에 비해 일본어는 (18b)와 같이 전문을 나타내는 「って」를 부가(附加)할 필요가 있으며 그것이 없으면 상당히 부자연스러운 문장이 되어 버리고 만다.

(18) [Jane이 친한 지인의 Jack과 전화로 이야기 하고 전화를 끊은 후 Jane의 모친에게 묻는다]

  a. Mother   : What did Jack say?

     Jane   : He's coming to visit us soon.

  b. 母親   : ジャックは何て言ったの？

     ジェーン：(ジャックが)今度遊びに来るって。

(神尾(1998：57-58))

鎌田(2000)에서도 동일한 지적과 함께 다음과 같은 예가 등장한다. 여기서도 전화를 끊은 후의 회화로 「太郎」가 여동생인 「花子」로부터 들은 내용을 「母」에게 전하는 장면이다.

(19) 母：何だったの？

　　太郎：(a) 明日, 花子が帰ってくる<u>って／そうだ</u>よ／<u>らしい</u>よ。

　　　　 (b) 明日, ??花子が帰ってくるよ。

(鎌田(2000：171))

(20) Mother：What was that?

　　Taro：(a) It was from Hanako. She said she is coming home tomorrow.

　　　　 (b) It was from Hanako. She is coming home tomorrow.

(鎌田(2000：171))

(19)에서는 「って」 외에도 「そうだ」와 「らしい」가 등장하고 있으나 「そうだ・らしい」의 경우 들은 정보의 신빙성에 그다지 확신이 없다는 사실이 함의된다(「らしい」가 가장 확신도가 낮다). 그러나 여기서 중요한 점은 정보가 신뢰할 수 있을 정도로 확실한 것이라는 판단이 서더라도 일본어에서는 적어도 전문의 「って」를 붙이지 않으면 (19b)와 같이 부자연스럽게 들린다는 것이다. 이에 비해 영어에서는 정보가 확실하고 신뢰할 수 있다는 판단이 서게 되면 (20b)와 같이 전달절 없이도 충분히 문장으로서 성립하게 된다.

이와 같은 일본어와 영어의 차이는 다음의 예에서도 확인할 수 있다. (21)과 (22)는 둘 다 영어의 대역시나리오에서 가져온 예이다.

(21) a. *Farley picks up the phone, and it rings. Danny throws the phone to Rudy.*

DANNY	: Talk.
RUDY	: Hello.
FARLEY	: Yeah. Hello.
RUDY	: I'm Rudy, so don't shoot me thinking I'm him. Please.
FARLEY	: Rudy, my name is Farley. Could you get Danny on the line?
RUDY	: Farley would like to talk to you.

Rudy tries to hand the phone to Danny.

| DANNY | : Tell him I only wanna talk to Chris Sabian. |
| RUDY | : He'll only talk to, uh, Chris Sabian. |

b. ファーリーが受話器を取ったとき電話が鳴る。ダニーは電話をルーディーに投げる。

ダニー　　：出ろ。

ルーディー：もしもし。

ファーリー：あ，もしもし。

ルーディー：おれはルーディー。だから，犯人と間違えて，撃たないでくれよ。

ファーリー：ルーディー，ファーリーだ。ダニーに電話を代わってもらえるか？

ルーディー：ファーリーがあんたと話をしたいって。

ルーディーはダニーに電話を渡そうとする。

ダニー　　：話はクリス・セイビアンとしかしない，と伝えろ。

ルーディー：クリス・セイビアンとしか話をしないと言ってるけど。

（『交渉人(The Negotiator)』）

(22) a. MARIA：Gretl? Are you scared?

Gretl shakes her head. There is another clap of thunder and she runs to Maria.

MARIA：Oh ... You're not frightened of a thunderstorm, are you?

You just stay right here with me. Oh! Uh! Where are the others?

GRETL : They're asleep. <u>They're not scared.</u>

b. マリア : グレーテル？怖いの？

グレーテルは首を横に振る。もう一度雷鳴が鳴ると、彼女はマリアに走り寄る。

マリア : まあ…雷は怖くないわね？でしょ？こっちにいらっしゃい。私の所に。サア！ハイ！お姉さんたちは？

グレーテル : 寝ているわ。<u>怖くないんだって。</u>

(『サウンド・オブ・ミュージック(The Sound of Music)』)

(21)과 (22)의 밑줄친 부분은 각각 타자로부터 들은 것을 간접인용으로 전하고 있는 것이다. 영어에서는 전문임을 나타내는 he said와 they said 등의 전달절을 덧붙이지 않고 있으나 (21b)와 (22b)의 일본어역에서는 이중 밑줄 부분의 「って」나 「と言ってる」와 같은 전문·인용 표현이 더해져 있다. 이들 표현을 제거하면 상당히 부자연스러운 일본어가 되므로 이들은 불가결한 요소로 볼 수 있다.

지금까지는 모두 대화의 예였으나 山口(1998)는 이러한 일본어와 영어의 차이가 영어 소설의 자유간접화법(제1장 7.3절을 참조)과 그 일본어역에서도 관찰된다고 지적하고 있다. 즉 전달절이 없는 자유간접화법이 전화나 편지 등의 내용을 전달할 경우, 그 일본어역에는 「という」 등의 전달표현이 보충된다는 것이다. 아래의 예문은 山口(1998 : 67)로부터의 인용이다.

(23) a. In the late afternoon, in the autumn of 1989, I'm at my desk, looking at a blinking cursor on the computer screen before me, and the telephone rings. On the other end of the wire is a former

Iowan named Michael Johnson. <u>He lives in Florida now. A friend
from Iowa has sent him one of my books. Michael Johnson has
read it; his sister, Carolyn, had read it; and they have a story in
which they think I might be interested.</u>

(Robert James Waller, The Bridges of Madison County)

b. 1989年の秋，ある日の午後遅く，私は机に向かって，コンピュー
ターの画面上で点滅するカーソルを見つめていると，電話が鳴っ
た。電話の主は，マイケル・ジョンソンという人物だった。<u>かつ</u>
<u>てはアイオワ州の住人だったがいまはフロリダで暮しているとい</u>
<u>う。アイオワの友人がわたしの著書を彼に送った。マイケル・</u>
<u>ジョンソンはそれを読み，妹のキャロリンもそれを読んだ。で，わ</u>
<u>たしが興味をもつかもしれない話があるという。</u>

(村松潔 役(譯)『マディソン郡の橋』)

(24) a. An invitation to dinner was soon afterwards dispatched; and already
had Mrs. Bennet planned the courses that were to do credit to her
housekeeping, when an answer arrived which deferred it all. <u>Mr.
Bingley was obliged to be in town the following day, and
consequently unable to accept the honour of their invitation, &c.</u>

(Jane Austen, Pride and Prejudice)

b. それからまもなく，正餐の招待状が送られ，ベネット夫人が，家政の
ほまれを高めるべき献立の計画もおわったとき，返事がとどいて，
それは延期ということになった。<u>ビングリー氏は次の日ロンドンへ</u>
<u>ゆかなければならず，したがってご招待の栄を心苦しくも云々，と</u>
<u>いうのだった。</u>

(阿部知二 役(譯)『高慢と偏見』)

(23)과 (24)의 밑줄부분은 각각 전화와 편지에 대한 답신 내용을 전하
는 부분으로 영어에서는 어느 쪽도 전달절이 없는 자유간접화법으로 표
현되어 있다. 하지만 그에 대응하는 일본어역에는 이중 밑줄로 표시한

것처럼 「という」와 「というのだった」가 더해져 있어 그것이 전문임이 명시된다.

4. 사적 자기·공적 자기에 근거한 설명

앞 절에서 제시한 바와 같은 일본어와 영어의 차이에 대해 논할 때 항상 다음과 같은 문제에 직면하게 된다.

> (25) 일본어에서는 다른 사람으로부터 들은 내용을 전하는 간접적인 정보전달의 경우, 그 정보의 간접성을 언어적으로 명시해야만 하는 것은 어째서인가? 반면에 영어의 경우 그럴 필요가 없는 것은 왜일까?

이 문제에 대해, 일본어는 사적 자기중심의 언어, 영어는 공적 자기중심의 언어라는 본서의 일관된 입장에서 이하와 같이 답할 수 있다.

우선 전문이 관련된 간접적인 정보전달의 경우 다른 사람으로부터 들은 것을 또 다른 사람에게 전하기 때문에 전달자로서의 화자, 즉 공적 자기의 존재가 전제되지 않으면 안 된다. 실제로 「という」나 「って」「そうだ」「らしい」 등의 전문표현이 공적 표현임을 이들이 사고동사의 인용부에 결코 등장하지 않는다는 점에서도 알 수 있다. (26)과 달리 (27)의 예문은 모두 허용되지 않는다.

> (26) 秋男は, ＜東京は雨だ＞と思っている。
> (27) a. *秋男は, [東京は雨だという]と思っている。

b. *秋男は, [東京は雨だって]と思っている。

c. *秋男は, [東京は雨だそうだ]と思っている。

d. *秋男は, [東京は雨らしい]と思っている。

그러나 사적 자기중심의 일본어에서는 제1장에서도 살펴본 바와 같이 간접적인 인용을 행하는 경우 인용되는 쪽, 즉 사적 자기의 시점이 우선된다. 그러나 이 경우, 인용을 통해 정보를 전달하는, 공적 자기로서의 화자의 존재가 소멸되어 버릴 수 있다는(혹은 정반대로 전달자인 화자 자신이 그 정보의 직접적 발신원으로 오해를 받게 될) 우려가 있다. 따라서 「という」나 「って」 등의 인용·전달표현을 부가함으로써 공적 자기의 존재를 언어적으로 보증하는 것이다. 예를 들어 다음은 소설의 회화부분에서 인용한 예로 밑줄부분은 「彼」의 발언을 전하는 부분이라 문말에 「って」가 부가(附加)되어 있다.

(28) 「彼が, あるとき言ったの。自分たちは……心のなかでは, 別の社会, ことは違う世界に生きているつもりで, 暮してゆくことができるんじゃないだろうかって……。わたしたち, 基本的には周囲に合わせてるの。世間の枠内で生きてるし, 暮してきた……」

(天童荒太 『永遠の子』)

여기서 「って」가 없다고 가정해보면 「彼」의 발언을 전하는 공적 자기로서의 화자의 존재가 소멸됨으로써 「彼」의 의식만이 전면에 부각되는 결과를 초래하게 되고, 결국 「わたしたち」 이후의 발화와 자연스럽게 이어지지 않는다. 따라서 그러한 사태를 방지하기 위해, 다시 말해 공적 자기의 존재를 보증하기 위해 「って」가 불가결하다.

한편 공적 자기중심의 영어에서 간접적인 인용을 행할 경우, 인용하는 쪽(공적 자기)의 시점이 우선된다. 인용하는 쪽의 시점이 우선된다는 것, 다시 말해 인칭과 시제의 결정이 공적 자기중심으로 이루어진다는 것은 그 자체로 인용의 간접화가 이루어짐을 뜻한다. 따라서 이 경우 인용과 전문임을 표시할 특별한 표현은 굳이 필요하지 않다. 제1장 7.3절에서 언급한 바와 같이 영어에서는 다른 사람의 내적의식을 묘출하는 자유간접화법(묘출화법)에서조차도 인칭대명사와 시제의 측면에서 공적 자기로서의 내레이터가 개입하게 된다. 이와 동일하게 공적 자기에 의한 개입이 전문에 근거한 간접적 정보전달에서도 이루어진다. 즉 영어에서는 다른 사람의 내적의식을 묘출할 때나 전문을 전달할 때에 상관없이 전달절이 없는 자유간접화법을 사용할 수 있는데 이는 바로 영어가 공적 자기를 중심으로 한 체계이기 때문에 다름 아니다.

이에 비해 일본어에서는 제1장에서 지적한 바와 같이 내적의식을 묘출할 경우 사적 자기에 의한 사적 표현만으로도 자기 완결적인 표현이 가능한 바, 내레이터의 개입은 전혀 필요하지 않다. 따라서 이 경우 공적 자기로서의 내레이터의 존재는 없어도 별 상관이 없어 전달절이 없는 자유간접화법이 사용된다(예는 제1장의 (36)을 참조). 그러나 전문에 의한 정보전달의 경우 상술(上述)한 바와 같이 전달자인 공적 자기의 개재 없이는 성립될 수 없으므로, 내적의식의 묘출의 경우와 마찬가지로 자유간접화법을 사용하게 되면 공적 자기가 소멸되어 버린다. 이를 방지하여 공적 자기를 소멸되지 않게 하는 것이 「という」와 「って」 등과 같은 전문표현의 역할인 것이다. 따라서 전문에 의한 정보전달의 경우 일본어에서 이들 표현이 불가결한 것은 일본어가 바로 사적 자기를 중심으로 한 체계이기 때문이다.

이상을 통해 영어에서는 타자의 주관적인 심리상태조차도 직접형으로
보고할 수 있는데 반해 일본어의 경우 그러한 일은 어불성설(語不成說)임
을 알 수 있다. 예를 들어 영어에서는 John이 (29a)와 같이 I'm happy라
고 말한 것을 받아 (29b)처럼 직접형으로 John의 심리상태를 보고할 수
있다.

(29) a. John said, "I'm happy."
   b. John is happy.

지금까지 수차례에 걸쳐 서술한 바이지만, 영어의 인칭체계는 공적 자
기중심이므로 (29b)의 John is라는 3인칭형식은 전달자로서의 공적 자기
의 관점을 함의(含意)한다. 그리고 이로 인해 John의 심리상태를 보고하
는 공적 자기의 존재가 보증되므로 John said와 같은 전문표현에 의존할
필요가 없게 된다. 즉 (29b)에서는 happy라는 심리술어 자체가 John의
심리상태를 나타내며 is라는 3인칭형에 의해 그것이 공적 자기의 입장에
서 바라본 타자의 심리보고임이 제시된다는 것이다.

한편 일본어에서는 ジョン이 (30a)처럼 「うれしい」라고 말한 것을 받
아 (30b)와 같이 직접형으로는 보고할 수 없으며 (30c)와 같은 전문형을
사용해야만 한다.

(30) a. ジョンは「うれしい」と言った。
   b. *ジョンは, うれしい。
   c. ジョンは, うれしいって。

「うれしい」라는 술어자체는 ジョン의 주관적인 심리상태를 나타낸다

고는 하지만 이러한 형태로는 그 내용을 전하는 공적 자기의 관점이 보증 받지 못한다. (30c)와 같이「って」가 보충되고 나서야 비로소 그것이 공적 자기의 관점에서 본 타자의 심리보고임이 명확해진다. 위에서 든 영화의 대역 시나리오의 예에서도 아래 (31), (32)의 밑줄 친 심리술어를 포함한 영문과 그 일본어역은 이와 같은 대응관계를 이루고 있다.

(31) a. Farley <u>would like</u> to talk to you. [예문(21a)에서]

　　 b. ファーリーがあんたと話をしたい<u>って</u>。[예문(21b)에서]

(32) a. They're not <u>scared</u>. [예문(22a)에서]

　　 b. 怖くないんだ<u>って</u>。[예문(22 b)에서]

영어처럼 1인칭・2인칭・3인칭의 문법적 구별이 확실한 언어는 제2장에서 본 바와 같이 공적 자기중심언어라는 특징이 있지만, 일본어에는 그러한 특징이 좀처럼 발달되어 있지 않다.[23] 일본어는 사적 자기중심의 언어이므로 중요한 것은 자기와 타자의 차이, 즉「자신」과「자기 이외의 사람」의 차이이다(상세한 설명은 제2장 참조). 그런 관점에서「って」등의 전문표현은 자신 이외의 다른 사람의 정보를 나타낸다고도 볼 수 있으나, 한편으로 그 정보를 공적 자기가 청자에게 보고하는 기능을 갖춘 요소라고도 볼 수 있다.

　이상이 사적 자기・공적 자기에 근거한 설명이었으나, 마지막으로 神尾의 정보의 영역이론과의 관련성에 대해 간단히 기술하도록 한다. 제3절에서 보았듯이 정보의 영역이론에서는 (25)의 질문에 대해 영어는 타

---

23) 和田(2008)는「공적 자기중심성」이란 개념을 도입함으로써 영어뿐만이 아니라 독일어, 프랑스어, 네덜란드어, 스페인어, 스웨덴어 등의 서구어를 비교 검토하여 이들 언어에서 관찰되는 법(法)・시제(時制)에 관한 문법현상의 상위점을 설명할 수 있는 가설을 제안하고 있다.

자로부터 들은 정보가 화자의 영역에 도입되나, 일본어는 그렇지 않다는 대략적인 조건을 설정함으로써 답할 수 있다. 본서의 분석은 이 조건에 대해서도 타당한 논리적 증거를 제공할 수 있다.

우선 한 가지 주의할 점은 정보의 영역이론에서 말하는 화자란 전달 주체로서의 공적 자기라는 점이다. 따라서 이 조건은 영어의 경우 타자로부터 들은 정보가 공적 자기 영역에 도입되나 일본어에서는 그렇지 않다는 식으로 바꿔 말할 수 있다.

이미 수차례 지적해온 바와 같이, 영어는 간접적 인용에 공적 자기의 시점이 항상 개입하기 때문에 전달절을 명시하지 않더라도 전달자로서의 공적 자기의 존재는 보증된다. 따라서 공적 자기가 인용된 정보의 내용을 신뢰할 수 있다는 판단만 서게 된다면 전달절을 붙이지 않고도 간접인용이 가능해진다. 바로 이 점이 영어에서는 타자로부터 들은 정보가 공적 자기 영역에 도입된다는 사실을 논리적으로 뒷받침한다고 할 수 있다.

이에 비해 일본어의 경우에는 상술한 바와 같이 공적 자기자체의 존재를 언어적으로 보증할 때 「という」「って」「そうだ」「らしい」 등의 전달표현이 불가결하므로 인용된 정보의 내용이 아무리 신뢰할 수 있는 내용이더라도 이들 전달표현을 제거할 수는 없다. 만약에 제거한다면 타자로부터의 간접인용이 아니게 되며 공적 자기 자신이 그 정보의 발신원으로 오해를 받게 된다. 일본어에서 타자로부터 들은 정보가 공적 자기 영역에 도입되지 않는 것은 바로 이 때문이다.[24]

---

24) 원래는 타자로부터 들은 정보라도 화자가 다시금 자신의 정보로서 재파악하게 되면 그것은 더 이상 전문취급을 받지 않는 정보가 된다. 이러한 경우에 대해서는 高見(2003)를 참조.

　여기서 한 가지 부언설명하자면 전문표현인 「という」에 관한 다음의
井上(1983 : 118)의 지적은 이러한 종류의 표현이 유발하는 역설성(逆說性)
을 시사한다는 점에서 매우 흥미롭다.

　　　問題にしている「という」自体は直接形であるから，話し手が直接に聞き，あ
　　るいは読んだ情報でなければならない。他方[他者への伝達を目的とする]報告文
　　体は，報告者の立場に立って用いられる文体であるから，「という」のような伝聞
　　のモーダルを使わずに，引用部をそのまま直接形で表してよいはずである。
　　　(문제로 삼고 있는 「という」자체는 직접형이기 때문에 화자가 직접 듣
　　거나 읽은 정보이어야 한다. 한편 [타자로의 전달을 목적으로 한] 보고문
　　체는 보고자의 입장에서 사용되는 문체이므로 「という」와 같은 전문모덜
　　(傳聞 modal)형식을 사용하는 대신 인용부를 그대로 직접형으로 나타내도
　　무방할 것이다.)

　그러나 실제로는 그렇게 되지 않으며 「という」 등의 전문표현이 사용
된다는 것 자체가 바로 역설적이라는 것이다. 물론 이와 같은 역설성은
일본어에 있어 간접인용의 경우 사적 자기가 우선되나 보고문체에서는
공적 자기가 전면에 부각된다는 사실에 기인한 것으로 이는 결국 일본
어가 사적 자기중심의 언어이자 본래 전달성이 약한 언어라는 점에 기
반을 두고 있음을 증명하는 것이다.

　또한 사적 표현만이 등장하는 혼잣말에서 다른 사람으로부터 들어 새
롭게 얻은 정보에는 「ふーん, アラスカの自然はすばらしいのか」나 「やっ
ぱり, 遊びに来るのか」와 같이 「のか」나, 「怖くないんだ」, 「ジョンはうれ
しんだ」처럼 「のだ」가 사용된다는 점을 마지막으로 보족(補足)해두고자
한다.

5. 정리

본 장에서는 먼저 정보의 영역과 문형식의 일반적인 관계에 대해 神尾 이론을 개략적으로 제시하였고 특히 일본어의 경우 영어와 달리 정보가 청자의 영역에 있는 경우를 특별 취급해야 한다는 사실에 대해 살펴보았다. 이어서 전문형식으로의 전달의 경우 일본어는 전문표현이 필수적인데 반해 영어는 그렇지 않음을 고찰하였다. 또한 이상과 같은 정보의 영역과 전문에 관한 일본어와 영어의 차이는 영어가 공적 자기중심의 전달적 성격이 강한 언어이나 일본어는 본래 사적 자기중심의 전달성이 약한 언어라는 점에서 원리적으로 설명이 가능함을 논하였다.

제5장

친밀함과 존경

1. 들어가며

　최근의 화용론, 특히 폴라이트니스 연구에서는 언어와 발화장면(context)를 연결하는 지표성(인덱스성, indexicality)의 개념이 활발히 사용되고 있다.[25] 지표성이란 원래 기호론(記號論)의 기초개념으로 기호A가 정보C를 함의할 경우, A는 C의 지표(index)가 된다(Lyons(1977 : 106)). 예를 들어 Smoke means fire의 경우, smoke(기호A)는 fire(정보C)의 지표로 인식된다.

　언어가 지닌 지표성의 예로는 발화시간과 장소의 직시(直示, deixis), 대화자의 사회적 입장, 발화행위(speech act), 논쟁, 이야기(기술, 서술) 등의 사회적 규범이 있는 언어행위, 화자의 정동(情動)적·인식적 입장 등을 들 수 있다(Ochs(1996 : 410)). 발화에는 다양한 사회적·문화적 지표가 포함되기 때문에 지표기능은 발화장면에 대한 의존도가 상당히 높다는 특징

---

25) 이러한 지표성을 중시하는 연구경향은 片岡(2002)에 간결하게 정리되어 있다.

을 갖는다.

　이하 지표성의 개념이 언어학에서 어떻게 응용되고 있는가를 예를 들어 설명해보고자 한다. 이에 관한 가장 알기 쉬운 예는 아마도 1・2인칭 대명사일 것이다.26) 「おれ」의 의미를 「화자」라고 하면 어떨까? 그러면 「화자」는 「말하는 사람」을 의미하므로 결국 「おれ」의 의미는 「말하는 사람」이 되어 버려 어딘가 이상하다. 따라서 「おれ」를 발화자의 의미가 아닌 발화자에 대한 지표로 생각하자는 것이다.

　보통 「おれ」라고 하면 화자는 남성이다. 이와 같은 화자의 성별이란 속성도 「おれ」의 의미의 일부로 본다면 방언에 따라서는 여성도 사용하므로 이 역시 이상한 이야기가 되어 버리고 만다. 따라서 화자의 성별 역시 지표화되는 것으로 판단한다.

　또 다른 예를 보도록 하자. 누군가가 「ふとんひいて」라고 말했다고 하자. 이를 「布団引いて」라고 해석한다면 그 의미는 「布団敷いて」와는 사뭇 다르다. 이러한 종류의 의미의 차이를 지시적(referential)이라고 한다.

　그러나 동경방언화자의 대부분은 「布団を敷く」의 의미로 「布団をひく」라고 말한다(이는 에도(江戸)방언이 「ひ」와 「し」를 혼동하는 데서 오는 과잉수정(過剰修正)에 기인한다). 이 경우 「ひいて」와 「しいて」는 지시적으로는 같은 의미이나, 「ひいて」는 지시적 의미 외에도 화자의 사용방언에 관한 정보도 포함하게 된다. 그러나 이 정보는 지시되는 것이 아니라 지표화되는 것으로 간주된다. 이전에는 「사회적 의미」라는 용어가 사용된 적도 있었으나 최근에는 이러한 종류의 정보는 지표성으로 파악하는 것이 일반적이다.

---

26) 일본어에는 「このわたし」와 같은 표현이 가능하므로 「わたし, ぼく, あなた, きみ」 등은 일반명사에 가깝다고 볼 수 있다(영어의 경우 this I라고는 절대 말할 수 없다). 따라서 엄밀히 말해 일본어에 있어서의 인칭대명사의 존재여부에 관해서는 의견이 분분하나, 본서에서는 편의상 이들 어휘를 인칭대명사로 부르도록 한다.

Ochs(1996 : 418)는 지표성 기능을 연구할 때 「어떤 언어표현이 발화환경의 다양한 측면 중 무엇을 지표할 수 있는가」와, 「그 표현이 사용된 개개의 상황 하에서 실제로 무엇을 지표하는가」를 구별하는 것이 중요하다고 주장하였다. 지표성이 나타낼 수 있는 것은 개개의 표현이 사용되어 온 그 언어의 역사와 문화적 규범에 따르며 그 중에서도 실제로 언어표현이 지표하는 것은 발화상황에 따라 당연히 달라진다.

본 장에서는 이러한 구별을 중시하여 일본어의 폴라이트니스 현상에서 관찰되는 혼잣말의 지표성에 대해 고찰한다. 본 장의 구성에 대해 간단히 설명하자면, 먼저 제2절에서는 일본어에서 친밀함(親密さ)과 경의(敬意)를 동시에 표현하는 것의 어려움에 대해 논하며, 제3절에서는 폴라이트니스와 경어의 관계를 검토한다. 제4절에서는 이른바 스피치스타일 시프트(speech style shift, 「です・ます체」와 「だ・である체」의 혼합사용)에 관한 몇 가지 선행연구를 소개한다. 스피치스타일 시프트에서 중요한 역할을 담당하는 것은 혼잣말적인 발화이다. 제5절에서는 대화에 삽입된 혼잣말적 발화의 기능에 대해 고찰함으로써 혼잣말이 청자에 대한 경의와 친밀함의 동시지표임을 확인한다. 제6절에서는 지표성에 대한 검토로 다시 돌아가 언어표현이 무엇을 직접지표화하며 무엇을 간접지표화하는가에 대한 문제 등에 대해 고찰한다.

2. 일본어의 경의표현

일본어의 경의표현체계는 2가지 축으로 이루어진다. 하나는 청자이며 다른 하나는 (1)의 田中라는 인물처럼 언어로 지시를 받는 사람이다. 청

자를 대상으로 한 경의표현은 정중어(鄭重語, です・ます체), 정중어를 포함
하지 않는 표현법은 보통체(普通體)로 불리며, 지시대상인물에 대한 경의
표현은 존경어(尊敬語)로 불린다. (후자와 마찬가지로 피(被)지시자대상의
겸양어는 본서에서는 다루지 않는다.)

　정중어와 존경어는 각각 독립적으로 사용되나 아래와 같은 4가지 조합
(組合)이 가능하다.

> (1) a. 田中さんがいらっしゃいました。　　　[+정중어, +존경어]
>   b. 田中さんが来ました。　　　　　　　　[+정중어, -존경어]
>   c. 田中さんがいらっしゃった。　　　　　[-정중어, +존경어]
>   d. 田中さんが来た。　　　　　　　　　　[-정중어, -존경어]

　정중어는 보통 화자가 청자에 대해 심적으로 거리를 느끼고 존경의
기분을 나타내고자 할 때 사용된다. 여기서도 심적 거리와 경의라고 하
는 2가지 축이 관여하며 청자는 이하의 4종류로 언어형태를 분별한다
(Hasegawa(2002, 2006)).

청자	심적 거리=근	심적 거리=원
경의 있음	(A)	정중체
경의 없음	보통체	(B)

　상기의 표에서 제시하고 있는 바와 같이 심리적으로는 거리가 있으나
경의를 표하고 싶은 청자에 대해서는 정중체가 사용되고, 친한 관계라
경의표현이 필요하지 않은 청자에게는 보통체가 사용된다. (B)의 경우
「そこにあるよ」와 같은 보통체가 사용되면 친하지 않은 관계이므로 예

의 없게 들릴 수도 있다.

문제는 (A)의 경우로, 화자가 청자에 대해 친밀함과 경의를 동시에 표현하고 싶을 때이다. 이 두 가지 감정은 지극히 자연스럽게 공기될 수 있음에도 불구하고 언어체계상으로는 서로 어울리지 않는 요소로 곧잘 취급받는다. 즉 (A)의 경우 경어를 사용하면 거리감이 생기게 되고, 사용하지 않으면 지나치게 허물없다는 인상을 줄 수도 있다.

이는 일반적으로 폴라이트니스가 친밀함에 대립되는 개념으로 인식됨으로 인해 발생하는 현상으로 일본어뿐만이 아니라 언어의 보편적인 문제이기도 하다.

3. 폴라이트니스와 경어

현대에는 폴라이트(정중, 공손)적인 언어사용은 상대의 영역을 침범하지 않고 원활하게 일을 진행시키기 위한 흥정, 혹은 정략(政略)적 행위로 여겨지고 있다(Brown and Levinson(1978/1987) 등). 그러나 18-19세기의 서구에서는 폴라이트니스를 높은 고양, 고상한 기호, 우아한 행동거지 등 특권계급의 우월성을 과시하기 위한 것으로 보았다(Sell(1992), Watts(1992)).

이러한 옛 의미로서의 폴라이트니스는 현대일본어에서도 관찰된다. 아래 (2)의 발화에 대해 살펴보자. 여기서는 「いらっしゃる」의 주어와 청자가 동일인물이다. 그럼에도 불구하고 주어인 지시대상을 향한 존경어만이 존재하며 청자를 대상으로 한 정중어는 사용되지 않는다.

    (2) 明日いらっしゃる？

이러한 일견 모순된 동일인물에 대한 [-정중어, +존경어]의 조합은 거의 여성 화자에게서만 나타나는 현상으로 [-정중어]는 화자의 청자에 대한 친밀한 감정을, [+존경어]는 화자의 언어적 세련미, 품위의 지표로서 사용되고 있다.

하지만 이는 경어사용, 즉 폴라이트 행위가 아니다. 은근무례(慇懃無礼, 겉으로만 공손한 체하며 사실은 무례함)적인 경어사용은 가능할 수 있으나, Brown & Levinson의 포지티브 폴라이트니스(positive politeness, 우호성·친밀함·연대감)의 개념에서는 경우에 따라 보통체 사용만이 진정한 폴라이트로 해석되는 경우가 있다.

그러나 여기서 한 가지 주의할 점은 일본어의 경우 경의표현이 화자의 경의를 보증한다고는 볼 수 없으나, 경의표현 없이 경의를 나타내는 것은 불가능하다는 것이다. 「明日来る？」와 같은 보통체발화로는 어떠한 경우라도 경의는 전달되지 않는다.

이처럼 폴라이트니스와 경의표현 사이에 밀접한 관계성이 인정되는 바, 일본어의 폴라이트니스를 기본적으로 경어사용의 사회적 관습에 따르는 것이라 주장하는 연구자도 있다(Idle(1991) 등).

한편, 경의표현은 경의 이외의 지표가 되기도 하는데 예를 들어 「공사(公私)의 구별」장면 등에서 상하관계가 명백하지 않은 인간관계의 경우, 친해짐에 따라 서서히 정중체로부터 보통체회화로 이행한다. 그러나 「なあなあになるのはよくない(적당히 얼버무리는 것은 좋지 않다)」라는 말처럼 친밀하게 된다는 것이 항상 바람직하다고만은 할 수 없다. 친밀해짐에 따라 서로 얽히고설키게 되어 적절, 공평한 판단이 힘든 상황도 충분히 가정할 수 있기 때문이다. 그러한 위험을 피하기 위해 오랫동안 알아온 사이라도 일부러 대화에서 정중체를 계속 사용하는 사람도 있다.

무례를 존중하는 사회는 잘 상상이 가지 않으나, 심적 거리를 강조하는 경의보다 친밀함을 존중하는 사회는 쉽게 상상할 수 있다. 일본은 전자, 미국(특히 캘리포니아)은 후자의 예로 생각해도 좋을 것이다. 그러나 어느 사회라도 이 둘은 양자택일(兩者擇一)의 관계가 아니라 미묘한 조화를 이루고 있다. 따라서 이러한 조화의 정도에 차이가 생기면 「괜히 친한척한다」라든가 「자존심이 강해 도도하다」라는 부정적 평가를 받기 쉽다.

샌프란시스코에 위치한 일본인관광객의 출입이 잦은 가게를 예로 들도록 하겠다. 이러한 가게에는 보통 미국체류경험이 긴 일본인여성이 일하고 있다. 그녀들은 미국사회의 관습에 따라 친밀함(포지티브 폴라이트)을 중시하는 경향이 있어 일본에서 방문한 사람은 위화감을 느끼는 경우가 많다.27)

   (3) a. これ、今、セールなのよ。

      b. 倉庫にあるかもしれないから、見てきてあげる。

일본에서도 경의표현의 기준점은 사람에 따라 다르며 정중체를 다용하는 사람도 있는 반면, 보통체의 편안함(허물없음)을 선호하는 사람도 있다(Okamoto(1997, 1999) 등 참조).

일반적으로 경어는 경의의 지표지만 「도도하다, 차갑다, 친근감이 없다」는 인상을 줄 때도 있다. 또 보통체는 친밀함의 지표로 해석되기도 하나 「괜히 친한척한다, 경의가 안 느껴진다, 사리분별이 부족하다」는 평을 받는 경우도 있다. 따라서 경의와 친밀함을 동시에 표현하는 것은

---

27) Suckle(1994 : 123)의 데이터에 따르면, 일본 내에서의 정중체 사용빈도는 역창구(驛窓口)에서의 회화 중 77.3%, 우체국에서는 51.9%, 채소가게에서는 36.2%라고 한다.

상당히 까다로우며, 이는 의식 여부에 상관없이 우리들 모두가 겪는 애로사항 중 하나이다.

　일례로 미국의 대학원생은 교관을 「잭」, 「로빈」과 같이 퍼스트네임으로 부르는 것이 일반적이며 일본인유학생들도 거부감 없이 이 관습에 따른다. 그러나 교관이 일본인인 경우, 설마 「요코」라고는 부를 수 없을 것이다. 그렇다고 해서 언제까지나 「하세가와 선생님」으로 부르자니 조금 서먹서먹한 느낌이 든다. 마음이 서로 통하지 않는다고나 할까. 그래서 「요코 선생님」이라고도 불러본다. 그렇지만 지금까지 이 방책이 「유키오 선생님」과 같은 남성교수에게 사용되는 것을 단 한 번도 본 적이 없다. 어쩌면 이는 여성만을 대상으로 사용할 수 있는 테크닉일는지도 모르겠다.

　「じゃないですか(그렇지 않습니까?)」를 연발하는, 상당히 답답한 스토러티지(strategy)를 구사하는 사람도 있다. 「わたしって, こういうのに, 結構弱いじゃないですか」, 「やっと書く気になると, 必ず何かが起こるじゃないですか」 등등. 이들 역시 정중체 단독사용에서는 좀처럼 찾기 힘든 친밀함의 지표이다. 「わたしは, こういうのに, 結構弱いんです」라든가 「やっと書く気になると, 必ず何かが起こります」에 비해 제법 친하게 들리지 않는가?

　친밀함과 경의의 동시지표라는 난제(難題)에는 일반적으로 정중체와 보통체를 미묘하게 혼합하는 해결책이 취해진다. 정중체와 보통체의 혼용은 「스피치스타일 시프트」(speech style shift)라고 불린다.

4. 스피치스타일 시프트(speech style shift)

스피치스타일의 선택은 대화자의 사회관계를 반영할 뿐만 아니라 그러한 관계를 적극적으로 만들어 내는 역할도 한다. 스타일의 선택은 동적이므로 한번 결정해서 마지막까지 가는 일은 좀처럼 드물다. 예를 들어 서로 전혀 모르는 사이가 처음에는 정중체로 이야기를 시작하다가 점차로 친해짐에 따라 보통체로 이행하는 것은 비교적 흔한 현상이다. 반대로 평상시에는 친하게 보통체를 사용하는 사이가 「죽음, 도산, 이혼」처럼 화제가 심각해지거나 감정적인 언쟁이 일어나거나 하게 되면 돌연 정중체로 바꾸어 사용하는 경우도 있다.

스피치스타일은 1회 대화 안에서 몇 번이라도 바뀔 수는 있으나 결코 제멋대로 변경되는 것은 아니다. 나름의 복잡한 규칙이 있다는 것이다. 때문에 일본어를 학습 중인 비(非)모어화자가 스타일 시프트를 하게 되면 그에 대해 이해를 받지 못하는 상황이 종종 발생하곤 한다. 의도를 알 수 없는 시프트를 당하게 되면 당한 입장에서는 상당히 피곤해진다.

또한 상위와 하위의 사람 사이의 경우 동일한 형태로의 시프트는 불가능하므로 서로 다른 시프트 방책(方策)이 필요하다(ネウストプニー(1982)). 본 절에서는 이렇듯 복잡한 스피치스타일 시프트에 관한 선행연구를 개관하도록 한다.

이 분야의 선구자인 Ikuta(1983)는 그 전까지 일반적으로 받아들여졌던 「정중체는 화자의 정중함, 예의바름을 표현한다」는 식의 논리로는, 대화자의 사회적 관계와 대화를 둘러싼 상황에 전혀 변화가 없음에도 불구하고 스타일이 시프트하는 현상을 설명할 수 없다고 주장하였다.

Ikuta는 정중체의 근본적 기능을 심적 거리를 두는 데 있다고 생각하였다.28) 일반적으로 대화의 기조(基調)스타일은 개시(開始)시점의 대화자 간의 사회적 관계에 의해 결정되지만, 이야기가 진행됨에 따라 그 때 그 때의 화자의 상대방에 대한 감정을 반영하게 된다. Ikuta에 의하면 화자가 청자에게 찬동하거나 청자를 칭찬하는 경우, 공감(심리적 접근)을 표현하기 위해 보통체를 사용함이 일반적이다. 예를 들어 (4)는 『徹子の部屋』(일본의 대표적인 토크쇼)로부터의 발췌로 처음 3행에서는 정중체가 사용되고 있으나, 감탄을 나타내는 4행째에서는 보통체로 시프트하고 있다(「黒」＝黒柳, 「城」＝게스트).

    (4) 黒：そのお部屋は個室になっているんですか？

       城：ええ，六畳と四畳半とサンルームが大変広いんですの。

  → 黒：まあ，随分いいのね。［보통체］

  반대로 화제가 꽤 사적인 영역에 미치거나 미묘한 배려를 필요로 하는 경우에는 공감표현을 배제하고 거리를 둠이 바람직하다. 이 대화에서 黒柳(黒柳徹子, 『徹子の部屋』의 진행자)와 城가 아주 친해져 (5) 앞의 대화까지는 한동안 보통체가 사용되었으나, (5)에 와서 黒柳는 급히 정중체로 시프트한다. (여담이지만, 여기서 黒柳는 「いらっしゃるの」라는 3절에서 기술한 동일인물에 대한 ［-정중체, +존경어］의 조합을 사용하고 있다.)

    (5) → 黒：失礼ですけど，城さんはずっと独身でいらっしゃるの？

       城：いえ，あのね，二度お嫁に行ったの。

       黒：あら，そうなんですか。

---

28) Ikuta는 스피치스타일 시프트가 갖는 또 다른 기능으로 담화의 일관성과 계층구조의 표시를 들고 있다. 상당히 흥미로운 지적이기는 하나, 본 장의 취지와는 직접적인 관련이 없으므로 이 기능에 관해서는 따로 언급하지 않는다.

Ikuta는 사람의 결혼 경력을 물어본다는 것은 상대방의 사적 영역에 깊숙이 개입하는 것이므로 그러한 질문을 하기 전에 예의상 「失礼ですけど」와 같은 정중체를 사용하고 있다고 지적하고 있다. 黒柳의 남은 발화, 「城さんはずっと独身でいらっしゃるの？」는 보통체이다. 여기서 「城さんはずっと独身でいらっしゃるんですか」라고 묻는 것도 가능하나 그렇게 되면 거리가 생겨 城가 말하기를 주저할 가능성이 있다고 Ikuta는 분석한다.

Ikuta의 선구적 연구가 공헌한 바는 상당히 크지만 부정확한 부분이 존재한다는 것 역시 부정할 수 없는 사실이다. 예를 들어 청자를 칭찬할 경우, 친밀함을 표현하기 위해 어떤 경우라도 보통체를 사용하기만 하면 된다는 것은 아니다. 경의를 나타내고자 하는 상대에 대해 (6a)는 문제없으나 (6b)는 사용할 수 없다.

(6) a. わあ、とっても似合う。
    b. わあ、とっても似合うよ。

이는 다음 절에서 검토하는 바와 같이 (6a)는 혼잣말로 이해되나 (6b)는 그렇지 않다는 점에 유래한 것이지만 Ikuta의 이론에서는 이 차이를 설명할 수 없다.

한편 Maynard(1991 : 577-578)에 따르면 스피치스타일 시프트는 화자가 상대를 강하게 의식하고 있는지의 여부에 크게 좌우된다. 이 이론에 따르면 보통체는 상대를 그다지 의식하지 않는 경우, 즉 (i)화자가 갑자기 무엇인가를 생각해낸다든가, 감정을 직접적으로 표현할 때, (ii)화자가 표현되는 세계에 빠져들어 마치 눈앞의 상황을 묘사하고 있는 것 같은 효과를 노릴 때, (iii)자신의 사고를 혼잣말로 나타낼 때, (iv)발화를 청자와 공동으로 완결할 때, (v)종속적인 정보를 제공할 때, (vi)청자와의 심적 거리를 축소하여 친밀함을 나타낼 때 사용된다.

반대로 정중체는 상대를 강하게 의식하고 있는 경우, 즉 (a)사회 관습상 적합한 말투로 청자에게 직접 이야기를 걸 때, (b)주요정보를 상대방에게 직접 전할 때 선택된다고 한다.

岡本(1997)는 초등학교 3학년생의 교실담화를 분석하여 정중체는 교사, 학생이라는 공적입장에서의 발화에, 보통체는 사적입장에서의 발화에 사용됨을 지적하였다. 岡本의 데이터 중 다음의 교사의 발화예를 살펴보도록 하자. 이는 국어교과서에 실린 내용으로 도쿄에서 이사 온 여자 아이와 시골 아이들이 싸운 이유와 그 때의 여자 아이의 기분을 전하는 부분에 선을 긋는 작업을 끝냈을 때의 상황이다.

> (7) はい、では、鉛筆置いてくださぁい。それで、まだ、書けてなくても、途中で気がついたらね、発表すればいいんですからね。いいですか。はい、じゃあ、先ずね、線を引っ張ったところから発表してもらいまぁす。はい、じゃあ、線引っ張った人、手を挙げてくださぁい。
> [땀을 손으로 닦은 후, 손으로 바람을 보내는 동작을 하며]
> → 暑さに負けずに頑張ろうね。
> はい、じゃあ、ミヤユカタさん、お願いしまぁす。

여기서 「暑さに負けずに頑張ろうね」를 제외하고는 모두 정중체가 사용되고 있으나 보통체는 교사의 개인적인 친근감을 담은 격려이자 교사로서의 교시(敎示)적 발언과는 다르다는 것의 지표가 된다.

다음의 (8)은 イクマ라는 여학생이 「取り結ぶ」를 「結ぶ」라고 잘못 읽는 장면이다. イクマ의 잘못은 급우인 カズヒロ에 의해 시정을 받는다.
여기서 교사는 학급전체에 대해서가 아닌 カズヒロ에게만 말을 건네고
있다(「イ」=イクマ, 「カ」=カズヒロ, 「教」=教師).

(8) イ：はい，わたしは「結んでくれたのです」というところに線を引きまし
　　た。

　　教：「結んでくれた」のと，ところですか。

　　イ：はい。

　　カ：[뒤에 숨어서] 取り結ぶ，取り結ぶ。

→　教：ん，ちょっと，ん，カズヒロ君，もう一度言ってあげて，今言ったと
　　ころ。

　　カ：イクマさんが言ったことは，多分，「取り結ぶ」のことではありませ
　　んか。

　　イ：はい，そうでぇす。

　이러한 공적인 교사로서의 발화 내의 개인적인 발화로의 시프트에서,
3절에서 서술한 「사리분별(けじめ)」의 개념을 엿볼 수 있다.

　宇佐美(1995)는 정중체에서 보통체로의 시프트의 발생조건으로 다음의
5가지를 제창(提唱)하고 있다. (i)심적 거리의 단축, (ii)상대의 스타일에 대
한 동조, (iii)혼잣말적 발화, (iv)확인을 위한, 혹은 확인에 답하는 발화,
(v)중도종료(中途終了)형 발화.

　宇佐美의 데이터에서는 이하의 예를 들도록 하겠다. 이들 데이터는 메
사추세츠주 캠브리지에 체류 중인 서로 얼굴조차 알지 못하는 9명의 일
본인유학생의 회화에서의 발췌이며, 피험자는 미국에서의 학생생활에
대해 이야기를 하도록 지시를 받았다. 화살표는 宇佐美의 분석을 예증(例
證)한다고 생각되는 부분을 나타낸다.

(9) 심적 거리의 단축 [대등한 여성 사이의 회화]

    A：リンギスティックですか，ご専門は。

    B：エジュケーションですね，ここは。

→   自分がここにいるのが，わからない……＜웃음＞

(10) 상대방의 스타일에 동조 [대등한 여성 사이]

    A：そちらは，長いんですか。

    B：U. Massボストンで，あの，MAを取って，で，去年からここ。

→A：あ，そう。

(11) 혼잣말적 발화 [여성사이, 하위로부터 상위]

    下：わたしも，学部は，英米，英語学，英米，ん？

        英語学，英米科っていうんだったかな。＜웃음＞

→   なんか，わかんない，名前……＜웃음＞

(12) 확인에 답하는 회화 [이성, 여성이 손아래]

    男：ペーパー書くと，30ページでしたっけ。

→ 女：15から30。

(13) 중도종료형 발화 [대등한 여성 사이]

    A：いずれは，日本にお帰りになることもあるんですか？

→ B：そうですね。それに，やっぱり仕事のことを考えると，それが一番……

→   こっちで，アメリカ人に英語を教えるわけにもいかないし……

　宇佐美의 분석은 다수의 유용한 데이터를 포함하고 있으나 그 분석의 타당성에는 의문이 남는다. 상기의 조건 분류는 다른 기준에 근거하고 있을 뿐만 아니라 배타적(排他的)이지도 않기 때문에 하나의 발화가 여러 항에 속할 우려가 있다. 예를 들어 심적 거리의 단축예로 거론된 예는 모두 혼잣말적 발화이다. 이는 결국, 다음 절에서 자세히 검토하겠으나, 혼잣말이야말로 친밀함과 경의를 동시에 표현하기 위한 가장 유요한 수단임을 방증(傍證)한다.

　宇佐美의 「상대의 스타일에 동조하기 위해」라는 조건도 정확하지는 않다. 상대가 보통체를 사용해 왔다고 해서 언제나 그 스타일에 맞추게 되면 문제가 발생할 수밖에 없다.

또한 확인을 위한 발화와 중도종료형 발화의 분류에도 문제가 있다. 宇佐美의 논문에서 확인을 위한 발화의 예로 거론된 것은 모두 중도종료형 발화에 속하기 때문이다.

宇佐美는 중도종료형 발화를 모두 보통체로 가정하고 있으나 중도종료형 발화는 기본적으로 보통체로도 정중체로도 종료될 수 있는바 여기에도 문제가 있다고 볼 수 있다. 예를 들어 (12)에서 「15から30」을 「15から30ページです」로 완결해도 전혀 문제가 없다.

松村・因(1998)도 중도종료형 발화를 보통체로 취급하며 스타일 시프트를 유발하는 요인으로 「공동으로 회화를 성공시키려는 의도」와 「보다 친밀해지고자 하는 의지」를 들고 있다.

다음의 예도 『徹子の部屋』에서의 인용으로 게스트는 그녀가 태어났을 때의 부친의 태도에 대해 말하고 있다(松村・因의 분석에서는 黒柳(진행자) 쪽이 게스트보다 손윗사람이다). 데이터의 중도종료형 발화는 보통체로 완결될 것으로 예측되는 면도 있으나 확실치 않은 면도 있다. 향후 이 분야에 대한 연구가 심히 기대되는 바이다(「ゲ」=게스트, 「黒」=黒柳).

(14) ゲ：で，生まれたら私だったわけですよ。女だったわけですよ。
→　　そしたら，その父が病院に来る前に，近所の人に「また，女だったんですって」って聞いてしまって。
黒：あら，いやだ。どうして近所の人が先に知ってたんでしょうね。
[중략]
ゲ：それで，一回も病院に見舞いにも来なかったんです。
→　　父がショックで，それで，もうご飯も食べずに部屋とか閉じこもっ

ちゃって, なんか, 本当に女の子だったのがショックだったみたい
で, それで, お母さんもそれを聞いて, ずっとあたしを横においた
まま病院でずーっとぽろぽろぽろぽろ泣いてたんですって。

松村・因에 따르면 정중체에서 보통체로의 시프트는 보통 상위의 사람으로부터 시작되고, 하위의 사람이 그것을 알아채서 자신도 편한 말투와 표현으로 이행하는 것이다. 예를 들어 (14)에서는 상위의 黒柳가 「あらいやだ」라는, 중도종료형이 아닌, 확실한 보통체로 이행하고 있으며, 하위의 게스트는 그에 맞춰 약식인 「お母さん」이나 의태어인 「ぽろぽろぽろ」로 답하고 있다.

鈴木(1997)는 화자와 청자의 영역이 정중체에서는 확실히 구별되므로 보통 화자는 청자의 영역을 침범하지 않으려 한다고 지적하였다. 보통체 회화에서는 이러한 영역의 구별이 명확하지 않아 대화자는 영역의 차이보다 「공통의 장(共通の場)」에 보다 중점을 둔다.

다음의 예는 鈴木의 논문에서의 인용으로 하위의 화자가 상위의 상대에게 선물에 대한 감사의 마음을 전하고 있다. 「あれ, すごーくきれい」와 「もっといっぱい欲しいなあ」에서 보통체로의 시프트가 일어나고 있다(「下」 =하위의 화자, 「上」=상위의 상대).

(15) 下：この間はどうも有難うございました。
→   あれ, すごーくきれい。
   上：そうでしょ。
   [중략]
→ 下：もっといっぱい欲しいなあ。
   上：そら, よかった。
   下：自分で買いたいんですけど, 普通に売ってますか？

上：しょうざんにあるけど。

下：しょうざん？大阪ですか？

上：京都。

下：じゃ，今度教えていただけますか？

鈴木는 하위의 인물의 보통체 사용은 자신의 영역 혹은 양자의 중립 영역에 속하는 것에 대한 경우로 한정되며, 사의(謝意), 질문, 의뢰 등 상위의 인물의 영역에 속하는 것에 관한 발화에서는 정중체가 사용된다고 하였다. 여기에서 특히 주목할 부분은 鈴木의 데이터에서 보통체로의 시프트는 모두 혼잣말로 받아들여지고 있다는 점이다.

Okamoto(1999)도 이와 유사한 혼잣말 용법에 대해 언급하고 있다. 38세 남성대학교수와 23세 여성대학원생의 대화데이터에서 후자가 때때로 보통체로 시프트하고 있으나 그 내용은 감탄어(예를 들어, 「ああすごい」, 「あ, ほんとだ」)나 혼잣말적인 발화(예를 들어 「上の人なんじゃないかなあ」)가 대부분으로 이 경우 실례의 뉘앙스는 없다고 한다. 상대인 대학교수도 보통체를 사용하지만 그것은 감탄과 혼잣말적 발화에 한정되지 않는다.

본 절에서는 스피치스타일 시프트에 관한 몇 가지 선행연구에 대해 개관하였다. 이미 수차례 지적한 바와 같이 스피치스타일 시프트의 경우 혼잣말적 발화가 중요한 역할을 담당한다. 다음 절에서는 이에 대해 상세히 살펴보고자 한다.

5. 정중체 회화에 삽입된 혼잣말

종래의 일본어연구에서 혼잣말 그 자체가 연구대상이 된 경우는 거의 없었으나, 앞 절에서 본 바와 같이 「혼잣말」 혹은 「혼잣말적 발화」라는 단어는 빈번히 사용되고 있다(제3장, 각주 1에서 제시한 문헌도 참조할 것).

거의 대부분의 일본어모어화자는 「へえ, そうなんだあ」나 「ふうん, なるほどね」를 혼잣말로 인식한다. 반면에 영어모어화자는 혼잣말적 발화와 그렇지 않은 것을 구별하는 데 익숙하지 않다. 언어학 연구논문에 등장하는 일본어 혼잣말의 예를 보더라도 그 영역(英譯)이 혼잣말로 들리지 않아 의미전달에 애를 먹곤 한다. 영어모어화자는 Oh/Ah/ Huh, I see의 혼잣말 여부에 관한 질문을 받으면 갑자기 말을 잃고 만다.

그렇다고 해서 영어 회화에 혼잣말이 전혀 사용되지 않느냐 하면 그건 아니다. 영어에서 혼잣말이 어떻게 사용되고 있는가에 관해 예를 들어 살펴보도록 하자. 어느 날 밤, 슈퍼의 계산대에서 어떤 손님이 구입한 상품 중 하나가 가격이 두 번 매겨진 것을 발견하고 이에 대해 점원에게 항의한다. 점원은 그 날 장시간 일을 하고 있어 상당히 피곤한 상태이다. 그는 손님과 눈을 마주치지 않은 채 머리를 흔들면서 I need to go home(이제 집에 가야겠어)라고 말한다. 그리고 바로 다시 손님을 보면서 자신의 잘못을 사과한다. 이 경우 누구라도 I need to go home을 혼잣말로 간주하며, 특히 손님은 점원이 장시간노동으로 인해 피곤하다는 것을 암시하는 것으로 해석할 것이다. 이런 사항을 점원이 손님에게 직접 털어 놓는 것은 통상 허용되지 않으나, 이러한 형태로라면 서로 간에 감정이 상하거나 하는 일은 없을 것이다.

일본어모어화자가 혼잣말과 청자에 대한 발화의 구별에 민감한 것은 어떤 형태로든 간에 혼잣말이라는 담화모드의 지표가 일본어에 존재함을 의미하는 것이 아닐까? 만약에 그것이 사실이라면 일본어, 영어를 막론하고 대화 내에서의 혼잣말은 대단히 중요한 기능을 갖는다고 할 수 있으며, 일본어 쪽이 보다 큰 중요성을 갖는다는 것도 쉽게 납득이 간다.

예를 들어, 영탄사(詠嘆詞)와 감탄사(感歎詞)는 화자의 심정토로(心情吐露) 표현과 공기(共起)하지만 청자의 존재를 전제로 하지 않는다는 점에서 혼잣말의 지표가 될 수 있다.

> (16) a. <u>わあ</u>, すごい。
>   b. <u>ふうん</u>, 変なの。
>   c. <u>へえ</u>, やっぱりね。
>   d. ほんとか<u>なあ</u>。
>   e. かわいそう<u>に</u>。
>   f. まあ, いい<u>や</u>。

당연히 청자를 염두에 둔 표현은 부(負)의 지표(마이너스 지표)로는 사용될 수 없다. 정중어(です・ます), 의뢰, 명령, 질문, 인사(おはよう, こんにちは), 일종의 부사적 표현(すみませんが, ここだけの話だけど), 전문표현(だそうだ, だって) 등.29)

또한 혼잣말에는 보통 주어는 등장하지 않으나, 등장하는 경우 「は」나 「が」는 생략된다.

> (17) a. あ, おいしそう。
>   b. あの人だいじょぶかな。

여기서 다시 정중체 대화에 삽입된 혼잣말로 화제를 되돌리자면, 일본

---

29) 仁田(1991)는 「しよう」, 「する」, 「するつもりだ」를 상호 비교하여 이 세 표현은 대개의 경우 치환이 가능하나, 단 「しよう」와 「する」는 대화에도 혼잣말에도 나타남에 비해 「するつもりだ」는 청자가 없는 경우에는 사용될 수 없음을 지적하였다.

어의 경우 청자에 대해 경의를 나타내기 위해서는 반드시 정중체를 사용
해야 한다. 그러나 정중체를 사용하게 되면 필연적으로 청자와의 사이에
거리가 생겨버리고 만다. 이 딜레마를 완화시키기 위한 수단으로 혼잣말
이 사용된다는 것이다. 이하는 상하관계에 있는 여성끼리의 회화이다.

<blockquote>
(18) 上：ほんとに英語では苦労します。
　　下：えー，ほんとですかぁ？
　　上：ほんと，ほんと。
→　下：へえ，先生でもそうなんだぁ。
(19) 下：[기념품인 장갑을 건네면서]
　　　　これ，最近，結構流行ってるんです。
　　上：あら，可愛い。どうもありがとうございます。
　　下：大きさ，だいじょぶですか。
　　上：ちょうどみたい。
→　下：ああ，よかった。
</blockquote>

　화살표로 표시한 보통체 발화는 혼잣말이며 일반적으로 말하는 정중체
에서 보통체로의 스피치레벨 시프트(speech level shift)가 아니라는 점에 주의
를 요한다. 앞 절에서 살펴 본 岡本의 교실회화에서의 시프트와는 근본적
으로 다르다.

<blockquote>
(7) はい，では，鉛筆置いてくださぁい。それで，まだ，書けてなくても，途
　　中で気がついたらね，発表すればいいんですからね。いいですか。はい，
　　じゃあ，先ずね，線を引っ張ったところから発表してもらいまぁす。は
　　い，じゃあ，線引っ張った人，手を挙げてくださぁい。
　　[땀을 손으로 닦은 후, 손으로 바람을 보내는 동작을 하며]
→　暑さに負けずに頑張ろうね。
　　はい，じゃあ，ミヤユカタさん，お願いしまぁす。
</blockquote>

(7)에서는 정중체발화, 보통체발화에 상관없이 학생 모두가 그 대상이다. 따라서 이는 대화에 있어서의 순수한 스피치스타일 시프트로 볼 수 있다. 그러나 (18), (19)의 경우 대화 안에서 시프트가 일어나지는 않으나 대화와 혼잣말이라는 담화모드로서의 시프트는 이루어진다. 이는 메타화용론적인 시프트에 해당한다.

폴라이트니스와 관련된 메타화용론적 시프트로서의 혼잣말에는 수많은 제약이 뒤따른다. 당연히 청자의 정보영역(神尾(1990), Kamio(1994))은 엄격히 지켜져야 하므로 이러한 특수한 혼잣말에서 언급될 수 있는 내용은 화자의 영역에 속하는 것만으로 제한된다. 따라서 거의 대부분의 경우 놀람과 감탄, 기쁨 등 화자의 심적 상황과 관련된 발화가 이에 해당한다.

상대의 발화내용을 의심 또는 반대하거나 「어떻게 돼도 상관없다」와 같은 될 대로 되라 식의 코멘트로는 경의와 친밀함의 동시지표가 달성될 수 없음은 여기서 굳이 언급할 필요조차 없을 것이다.

대화에 있어서의 혼잣말 효과는 제1장에서 서술한 공적 표현에 있어서의 「自分」의 그것과 유사하다.

(20) 自分は、そのことについては何も知りません。

여기서의 「自分」은 군인 혹은 거친 남자 운동부원 등을 연상시켜, 상관이나 선배에게 자신을 있는 그대로 보여줌으로써 거짓 없는 충성심을 표시하고자 하는 의도로 받아들여질 수 있다. 혼잣말도, 자신의 감정과 생각을 솔직하게 보여준다는 점에서 상대에 대한 신뢰감 없이는 있을 수 없는 행위이므로 친근감의 지표가 될 수 있다.

6. 지표성 재고(再考)

Ochs(1993 : 150-151)은 지표성을 둘로 나누어, 화자의 정동(精動)적 입장, 발화행위(질문, 의뢰, 명령 등의 발화행위), 논쟁, 이야기 등 규범이 있는 사회적 언어행위를 직접지표로 설정하는 한편, 화자의 성별, 대화자의 사회관계 등을 직접지표기능을 통한 간접지표로 규정하였다. 예를 들어 일본어의 종조사 「ぜ」와 「わ」가 직접지표하는 것은 「거칠음」과 「섬세함」 등과 같은 언어표현의 강약에 관한 성질의 차이로, 이를 통해 화자의 성별과 남자다움, 여성스러움 등의 이미지를 간접적으로 지표한다고 판단된다.

혼잣말의 세부적인 특징에 대해 아직 상세히 알려진 바는 없으나, 언어표현의 지표성은 대화인가 혼잣말인가에 따라 다소 상이한 듯하다. 예를 들어 종조사 「ぞ」는 대화에서는 「ぜ」와 동일하게 남성을 연상시키지만, 혼잣말에서는 여성화자가 「頑張るぞ」, 「負けないぞ」라 말해도 전혀 위화감이 없으며 Ochs의 주장처럼 단순히 표현의 강약을 지표하고 있을 뿐이다(「ぜ」는 청자 없이는 사용될 수 없으므로 혼잣말에는 나타나지 않는다).

또한 언어표현의 지표성은 오로지 단어레벨에서 유래한다고만은 볼 수 없으며, 단어와 그 주변의 표현, 발화장면 등과의 관련성에 따라 발생하는 경우도 있다. 본 장의 주제인 경의와 친근함의 공존은 혼잣말에 의해 지표되는 것이 아니라, 종종 스피치스타일 시프트로 오인 받는, 정중체대화와 혼잣말의 병렬에 의해 전달되는 것이다.

더불어 언어표현은 사회·문화의 다양한 측면에 대한 지표를 포함하는 것이 보통이나, 그 표현이 항상 같은 것을 지표한다고만은 볼 수 없다. 이미 살펴본 바와 같이 보통체발화는 상황에 따라 포지티브 폴라이트니스라는 화자의 정동적 입장의 지표, 무례의 지표, 그리고 대화요소

표현이 포함되지 않는 경우에 한해 혼잣말이라는 담화모드의 지표가 되는 것이다. 이러한 지표의 다양성, 유동성을 고려하였을 때, 대화와 혼잣말의 조합으로 경의와 친밀함을 표현하는 것은 어쩌면 자연스러운 귀결(歸結)일지도 모른다.

Pizziconi(2003 : 1497)는 인간관계나 정동적 입장은 전형적으로 사용되는 표현과 그다지 전형적이지 않은 다양한 방법으로 달성될 수 있으나, 전형적인 경의표현은 절대로 폴라이트니스를 직접지표하지 않는다는 점을 강조하고 있다. 그러나 여기서 반드시 기억해야할 사항은 앞에서도 언급하였으나, 경의표현 없이는 경의는 결코 전달되지 않는다는 일방(一方)적 연계가 존재한다는 것이다.

화자는 정중체로 경의를 나타내나 그로 인해 의도치 않은 거리감도 같이 청자에게 전달되어 버리고 만다. 그러나 그렇다고 해서 보통체로 이행하게 되면, 경의전달이 중간에 끊겨 버리게 된다. 이러한 진퇴유곡(進退維谷)의 상황에서 화자는 일시적으로 대화를 단념하고 혼잣말 모드로 전환하는 것이다.

이는 상당히 고도의 테크닉으로 스피치스타일 시프트와는 또 다른 특징을 갖는다. 제4절에서 다룬 Maynard(1991)의 보통체가 사용되는 조건을 다시 살펴보면, 화자가 상대를 강하게 인식하지 않는 경우에 한해 보통체가 사용된다고는 하나 혼잣말의 지표로서의 보통체는 상대를 강하게 의식하는 상황에서 사용된다. 일견(一見) Maynard이론에 대한 반증(反證)으로도 볼 수 있는 이러한 사실은, 이 시프트가 범용(凡庸)적인 시프트가 아닌 메타화용론적 시프트임을 시사한다.

본 장에서 다룬 혼잣말은 남이 듣는 것을 상정한 발화이다. 그러나 상대에게 의도적으로 건넨 말은 아니다. 한마디로 말을 건네는 것이 아니라 제시한다는 것이다. 우리들은 꽤 어려서부터 이러한 고도의 테크닉을 이미 체득하고 있었는지도 모른다. Vygotsky(1934/1986)는 혼잣말에 대해, 유아의 혼잣말의 빈도가 외국어가 모어인 아동과 농아(聾啞)들에 둘러싸인 환경에서 격감(激減)한다는 점을 근거로 남에게 들리는 것을 의도한 사회적 행위로 규정하고 있다.

7. 정리

일본어에는 폴라이트니스가 문법화된 경어체계가 존재하는 관계로, 경어체계가 미비한 여타 언어사회와 비교해 언어표현과 문화적·사회적 지표성이 상당히 고정화된, 지시적(referential) 의미에 가까운 성질을 갖는다. 이러한 경어체계에서는 「경의」와 「먼 심적 거리」가 한 세트로 간주되므로 「경의」와 「가까운 심적 거리」는 어휘적·구문적으로 동시에 지표될 수 없다.

본 장에서는 스피치스타일 시프트에 관한 선행연구의 분석을 통해, 혼잣말로의 시프트가 경의와 친밀함의 동시지표라는 스토러티지의 일환으로 빈번히 사용됨을 확인하였다. 또한 그것이 어떠한 착상(着想)에 근거하고 있는가에 대해서도 추찰(推察)하였다.

일본어의 혼잣말에는 청자를 상정한 표현의 부재(不在)라는 부(負)의 지표(마이너스 지표)외에도 영탄·감탄사처럼 정(正)의 지표(플러스 지표)도 존재하므로 대화와 혼잣말을 구별하기 쉽다. 또한 대화에 삽입된 혼잣말은 공적 표현에 있어서의 1인칭대명사로서의 「自分」과 동일한 성질을 갖는 바, 속내를 드러냄으로써 상대에 대한 신뢰와 친밀함을 전할 수 있다.

이를 통해 화자는 정중체에서 보통체로의 시프트에 내포된 경의의 결여 (缺如)라는 위험에서 벗어날 수 있게 되는 것이다.

제6장

언어사용의 형태와 공적성(公的性)의 정도

1. 들어가며

지금까지 본서에서는, 영어는 공적 자기중심이라 무표(無標)의 표현이라도 전달성이 강한데 비해, 일본어는 사적 자기중심이라 무표의 표현에서는 전달성이 약하다는 가설을 제안하였다. 또한, 일본어에서의 혼잣말의 기능에 대해 고찰함으로써 일본어의 비전달적·자기지향적인 측면을 부각시키고자 논의를 이어 왔다.

공적 자기란 타자와 관련된 사회적 전달주체로서의 화자이며 사적 자기란 타자와의 관련을 의식하지 않는 사고·의식의 주체로서의 화자이다. 또한 공적 자기·사적 자기는 공적 표현·사적 표현이라는 서로 다른 언어표현의 주체로 규정된다. 공적 표현이란 언어의 전달적 기능에 대응하는 언어표현이며, 사적 표현이란 전달을 목적으로 하지 않는 언어의 사고표시기능에 대응하는 언어표현이다. 제1장에서 이미 다루었듯이 이러한 차이는 언어표현의 인용(引用)이 문제가 된다. 이는 직접화법·간

접화법의 문법적 특징에 가장 잘 반영되며 특히 발화에 의한 전달과 그 바탕에 있는 사고와의 관계를 파악하는 데 유효하다. 이하 상세히 논하도록 하겠으나, 공적 표현이 청자의 존재를 상정한다고 보았을 때, 그 청자에는 타자뿐만이 아닌 화자 자신, 즉 자기도 포함된다. 그러므로 공적 표현인 종조사 「よ」와 「ね」가 혼잣말에도 나타날 수 있는 것이다.

본 장에서는 사적 표현·공적 표현의 구별이 언어사용형태의 차이와 어떠한 관계를 맺는가에 관해 우선 소설에서의 예를 토대로 혼잣말에 대해 검토하도록 한다. 제2절에서는 소설에서의 「의식묘출(意識描出)」과 「마음속(心內)발화」라는 2가지 언어사용의 범주를 들어 이들이 전형적인 회화형태와 어떻게 구별되는가에 대해 논한다. 제3절에서는 사고동사인 「思う」와 그에 대응하는 영어의 think의 예를 들어, 이들의 특징인 마음속발화를 도입하는 발화동사적 용법으로 인해 공적 표현이 그 인용부에 발생함을 제시하고, 이를 통해 마음속발화가 일본어와 영어에 있어 회화와 구별되는 중요한 언어사용 유형의 하나임을 밝히도록 한다. 제4절에서는 화자가 타자를 의식하는 정도를 파악하기 위해 「공적성(公的性)」의 개념을 도입하고 소설의 예에서 보이는 회화·마음속발화·의식묘출을 대상으로 일본어와 영어를 비교하도록 한다. 결과적으로 일본어에서의 마음속발화는 일반적인 회화형태와는 달리 공적성이 제로(0)인 의식묘출에 상당히 근접한 성질을 가지나, 영어에서의 마음속발화는 회화와 연속적인 것으로 이해되어 의식묘출과의 사이에 단절(斷絶)이 존재함을 제시하고자 한다. 더불어 이러한 일본어와 영어의 차이는 일본어가 사적 자기중심의 언어, 영어가 공적 자기중심의 언어라는 점에 기인함에 대해서도 논하고자 한다. 제5절에서는 소설의 예에 대한 분석으로부터 얻은 지견(知見)을 바탕으로 제3장과 제5장에서 고찰한 혼잣말의 특징을 재고(再

あ)하고, 사적 표현·공적 표현이 어떤 형태로 혼잣말에 나타나는지를 검토한다. 또한 소설에서의 언어사용의 구별처럼 혼잣말, 대화와 같은 일상적 언어사용에서의 구별에도 언어표현의 공적성의 정도가 중요한 의미를 갖음을 밝히도록 한다.

2. 소설에서의 의식묘출과 마음속발화

전형적인 회화의 경우 화자는 청자와 대치하며 그 청자를 향해 발화한다. 이 때 사용되는 표현이 바로 공적 표현이다. 한편 전형적인 회화와는 달리 우리들 인간은 마음속으로 청자를 상정하여 그 청자에게 발화하는 것도 가능하다. 그러한 언어표현을 본서에서는 「마음속(心內)발화」로 부르도록 한다. 마음속발화는 특히 소설에서 등장인물의 심적 움직임을 그리는 수법으로 자주 사용된다. 마음속발화는 마음속에 상정된 청자가 자기 혹은 타자일 수도 있는 만큼 내적 언어사용이면서도 상황에 따라서는 공적 표현이 개입하기도 한다. 이에 비해 제1장 7.3절에서 다룬 자유간접화법과 같은 담화형태에서는 전적으로 사적 표현만이 사용되어 내적 자기의 「의식묘출」이 이루어진다. 본 절에서는 소설에서의 의식묘출과 마음속발화의 특징에 대해 고찰한다.

2.1. 의식묘출

의식묘출은 특히 소설의 심리묘사에 자주 등장하는데 제1장에서도 논한 바와 같이 일본어는 등장인물의 주관적인 생각이 공적 표현이 아닌 사적 표현만으로 제시된다.

(1) 何故ともなく，亡くなった父のことが滋子には思い出されてならなかっ
た。優しく，男らしく，年をとっても何となく魅力的だった父が，今の
自分を見たら何と言うだろう。今の自分—世の常の結婚ならば，直樹の
妻とより他に呼びようのない状態なのに，自分は今，世の中の男たちが，
かりそめの快楽を金で買うために用意された部屋の中で，何人の男や女
たちが，はずかしげもない行為をくりかえしたか知れぬ花模様の蒲団を，
何となくおぞましく思いながら，誰の祝福も受けず，直樹の腕に抱かれ
て眠っている。

　眼を開けないのは涙を見せまいとするからであった。無邪気な花嫁な
ら，新婚の夜に泣くことも可愛らしい。けれど，自分には全く泣く理由
などないのだ。父が生きていても，決して一途に叱ったりはしないよう
な気がしてならない。いいことをしたとは言ってくれないまでも，黙っ
て自分の心のウチをわかってくれるような気がする。

(曾野綾子『春の飛行』)

(2) けい子はふたたび，顔の皮膚の下で，血がひいていくのがわかり，必死に
息をつめた。息をつめて，顔を紅潮させておかなければ，車内中の人の
目が，じぶんに注がれ，血の気のない顔色から，あの秘密を一目で見ぬか
れてしまうかもしれない。

　二列の座席はふさがっても，通路はまだ，がらんとしていた。その中
で，黒い小山がゆらめくような，大きい尼僧たちの行動は，ひどく際だっ
てみえた。何故，この二人は，わざわざじぶんを選んで進んできたのだ
ろう。ずいぶん離れた距離なのに，選りに選って，じぶんの真前に，立
ちふさがらねばならないのだろう。

(瀬戸内晴美「聖衣」)

(1)에서는 제1단락의 「優しく，男らしく…」이하의 두 문장과, 제2단락
의 「無邪気な花嫁なら…」이하 세 문장이 滋子라는 인물에 대한 심리묘사

이다. (2)에서는 제1단락의 「息をつめて…」로 시작하는 문장과 제2단락의 「何故, この二人は…」이하 두 문장이 けい子라는 인물에 대한 심리묘사에 해당한다. 제1장에서 본 바와 같이 (1)의 「自分」은 滋子의 사적 자기를 나타내며 (2)의 「じぶん」은 けい子의 사적 자기를 나타낸다. 또한 (1), (2) 모두 각각의 단락의 도입부는 내레이터의 내레이션으로 과거형이나, 滋子와 けい子의 생각을 묘사한 부분은 현재형으로 이 현재형이 나타내는 현재는 滋子와 けい子에게 있어 「いま(지금)」을 가리킨다.

여기서 (1)과 (2)의 예는 曾野綾子와 瀬戸内晴美라는 여성작가가 여성 등장인물의 의식을 묘출한 것이지만, 그 묘출부분에 소위 말하는 여성어가 사용되지 않고 있다는 점에 주의해야 한다. 이는 내적 의식 세계에 성별의 차이, 즉 성차(性差)가 본질적으로는 관여하지 않기 때문이다. 즉, 여성 특유의 자칭사(自稱詞)인 「あたし」와 종조사인 「わ」는 공적 표현이기 때문에 내적 의식 세계에는 등장하지 않는다는 것이다.[30]

또한 내적의식의 경우 언어로 표현될 때도 있으나 반드시 음성을 동반하여 발화될 필요는 없다. 따라서 (1)과 (2)의 텍스트를 낭독할 때, 滋子와 けい子라는 여성의 의식이라 하더라도 여성적인 음색(音色)을 더할 필요는 없으며 내레이션 부분과 동일한 음색으로 읽을 수 있다. 즉 의식 묘출에서는 음성적인 성차도 문제가 되지 않는다는 것이다.

사적 자기를 나타내는 단어인 「自分」에 성차가 없는 것도 바로 이러한 연유(緣由)에서다.

---

30) 일본어 소설에서의 의식묘출의 경우, 작가가 등장인물의 내적의식을 묘출하기는 하지만, 거기에 사용된 사적 표현의 사용책임은 해당인물의 사적 자기에 귀속된다. 이하 본 장에서 의식묘출이 내적 언어사용에 대응한다고 할 때는 이와 같은 사적 자기에 귀속된 언어사용을 의미한다. 참고로 혼잣말의 경우에도 이른바 여성어는 거의 등장하지 않는다(Hasegawa(2005) 참조).

이처럼 일본어에 나타나는 성차는 사회적 관계를 전제로 하고 있어 내적의식에 대응하는 사적 표현에는 성차가 반영되지 않음을 알 수 있다.

2.2. 마음속발화

의식묘출의 경우 언어적 성차가 문제되지 않음을 앞서 지적하였으나, 소설에서는 회화가 아님에도 불구하고 자칭사인 「あたし」와 종조사인 「わ」 등의 공적 표현이 사용되는 경우가 있다. 마음속발화(心內發話)의 예가 바로 이에 해당한다.

예를 들어 다음의 예는 내적 의식의 묘출이 아닌, 자신이 자기 자신에게 타이르는 마음속으로의 자기전달 묘사이다(이하, 예문 안의 밑줄은 본서의 필자에 의함을 밝힌다).

(3) あの人が, あんな目で<u>あたし</u>を見るなんて, 許されないことだ, 許されないことだ—しゃくりあげそうなのを, 必死にこらえた幼児の, りきんだ顔つきで, けい子はしきりにくりかえした。(瀬戸内晴美「聖衣」)

(4) 恵子はそんな友達の気持ちが一方ではわかるような気がしながら, 地方では,
(<u>あたし</u>はお母さんのような目には会いたくないわ)
そう心に繰りかえしていた。　　　　　　　　　(遠藤周作『結婚』)

(5) その夜, 女子寮の一室で千代子はなかなか眠れなかった。同室の友だちは軽い寝息をもうたてている。
(<u>あたし</u>は別に吉岡さんに会うために日比谷まで出かけたんじゃないわ)
と千代子は懸命に自分に言いつくろおうとする。(遠藤周作『結婚』)

(3)의 첫 번째 문장의 「あたし」, 그리고 (4)와 (5)의 (　) 안의 문장 중

「あたし」와 「わ」에 주목해주기 바란다. (3)과 (4)의 해당문장이 자기전달의 예라는 것은 (3)에서는 「しきりにくりかえした」라는 표현에서, (4)에서는 「そう心に繰りかえしていた」라는 문장을 통해 각각 추찰할 수 있다. 「(心に)繰りかえす」라는 것은 「자신에게 몇 번이나 타이르다」라는 의미이기 때문이다. 또한 (5)에서는 「自分に言いつくろおうとする」라는 표현이 사용되고 있다는 점에서 (　) 안의 문장이 자기를 향한 발화임은 자명하다.

(4), (5)에서 인용한 遠藤周作의 소설에서 마음속발화 부분은 (　　)로 묶어 제시되고 있다. 동일한 표기법은 三浦綾子나 司馬遼太郎 등의 소설에서도 엿볼 수 있다. 예를 들어 (6), (7)에서는 남성인 「おれ」가, (8), (9)에서는 여성인 「わたし・私」가 마음속발화에 등장하고 있다.

(6) 啓造は、煙草をくわえてマッチをすった。少し強い川風の中で、いくどかマッチをすっているウチに、啓造は自分の体の中にも風がふきぬけていくような感じがした。

    (この川原で、この場所でルリ子は殺されたのだ。おれが、今ここにいるくらいなら、なぜその時、ここにいて助けてやらなかったのか)

    思っても仕方のないことを啓造は、くりかえし思っていた。

(三浦綾子『氷点』)

(7) 信吾は高力伝次郎とは代稽古の日がちがっていたから、めったに顔をあわせることもなかったが、たまに会ったときも、信吾があいさつすると、あごを引いて高い会釈をした。

    (こいつ、おれをきらってやがるな)

    信吾は、感じた。きらっているだけではなかった。軽蔑さえしている様子が信吾にもわかった。 (司馬遼太郎『風の武士』)

(8) いままで、奈緒実は竹山をきらいではなかった。しかし今、急に竹山がいやになった。不潔な男に思えた。

(京子さんとつきあいながら，<u>わたし</u>に結婚を申し込むなんて，どういう

つもりかしら) (三浦綾子『ひつじが丘』)

(9) ふっと夏枝は，日記から視線をそらして，考える目になった。

(なぜ，<u>私</u>や子供のことを日記に書かないのかしら)

(妻や子供よりも仕事のほうが大事なのだろうか)

夏枝には，啓造がそのような夫には思われなかった。(三浦綾子『氷点』)

다음의 예는 화자가 자기 자신에게 명령하는 형태의 마음속발화를 포함한 것으로 자기를 향한 전달성이 가장 강하게 나타나는 예이다.

(10) 信夫は心の中で，大きく自分自信に気合いをかけた。

(<u>回れ右</u>！)

足がきっぱりと，回れ右をしたかと思うと，信夫はもう駆け出していた。うしろで叫ぶ隆士の声も，行き交う人のあきれたようにふり返る姿も，目にはいらなかった。信夫は，

(前へ<u>進め</u>！ 前へ<u>進め</u>!)

と，繰り返し，号令をかけながら，走っていた。(三浦綾子『塩狩峠』)

(11) 翌日，彼［猪木］は仕事の帰り，いつものように有楽町の駅まで歩きながら突然，昨夜のことを思いだした。

(このまま家に<u>戻れ</u>)

心の片隅でそう囁く声をききながら，しかしその声をねじ伏せたい気持ちもあった。(淑子のいうとおりじゃないか。<u>お前は結婚しているんだぞ</u>)

(遠藤周作『結婚』)

(12) 右側の男が，つつ，と足を踏み入れてきた。信吾は，思わず身の内を固くした。

(おい，信吾，<u>蓮を思え</u>。……)

信吾は，あわてて自分にいいきかせた。

蓮を思え，とは，亡くなった父がおしえてくれた言葉である。

(司馬遼太郎『風の武士』)

위 (10)-(12)에서 밑줄 친 명령표현을 듣는 이는 다름 아닌 화자 자신이다. (11)에서는 파선(波線)으로 표시한 바와 같이 명령표현에 호응(呼應)하는 형태로 대칭사인 「お前」를 사용하여 자기를 지시(指示)하고 있으며, (12)에서도 파선부분의 「信吾」라는 이름으로 자기 스스로를 향해 발화하고 있다.

이상, 자기 자신을 향한 마음속발화의 예에 대해 살펴보았으나, 마음속발화에는 자기 자신이 아닌 타자를 향해 마음속으로 발화하는 경우도 있다. 예를 들어 다음과 같은 예가 이에 해당한다.

(13) 夫の敬三は

　　　「よし，そんなら俺，今夜，会社から戻ってこないぞ」

　　　玄関のドアを叩きつけるようにして出勤していった。空が曇って雨がふりそうな気配だった。

　　　何時もなら恵美子は用心のため夫にレインコートぐらい持っていくことを奨めるのだが今朝は，さすがに癪だったから黙っている。

　　　(いいわよ。そちらがそうなら，こっちだってなんだってしてやるから)

　　　トースターやパン屑がころがっている朝の食卓を手あらく片づけながら恵美子は縁側においた九官鳥の籠をにらみつけた。

　　　　　　　　　　　　　　　　　　　　　　　　(遠藤周作『結婚』)

(14) 美知子は自分の夫になった青年をみあげて黙ったまま微笑した。しかし彼女は心のなかで呟いた。

　　　(あなたは夫，わたしは妻……)

　　　　　　　　　　　　　　　　　　　　　　　　(遠藤周作『結婚』)

(15) 奈緒実は［亡くなった］良一にしがみついて，はじめて声をあげて泣いた。

　　　(ゆるして……)

　　　奈緒実は，一晩中良一に向かってそう叫びつづけた。

　　　　　　　　　　　　　　　　　　　　　　　　(三浦綾子『ひつじが丘』)

(16) [話をつづけている]　お勢似の瞳孔が，　信吾の奇妙なうごきにつれて，

　　　落着きなく動いている。なんとなく，この静かさがこわいのだ。

　　　(つづけていろ。一)

　　　信吾は，目顔でしらせた。

　　　お勢似は，こっくりした。

(司馬遼太郎 『風の武士』)

(13)은 부부싸움 장면에서의 남편의 딴지를 거는 말(売り言葉, 「　」로 표시된 부분)에 대한 부인의 응수(應酬, 買い言葉)가 마음속발화로 제시되어 있다. 「そちら」는 남편을 가리키며 마음속으로 남편에게 말대꾸를 하고 있다. (14)에서는 남편이 된 청년을 향해 마음속으로 「あなた」라 말하고 있다. (15)는 마음속으로 상대에게 사죄하는 장면이지만 이미 죽은 상대에게 그 말이 들릴 리 없다. (16) 역시 상대에게 마음속으로 명령하는 장면이며 이때도 말이 아닌 눈짓으로 알릴뿐이다.

3. 사고동사와 마음속발화

3.1. 일본어의 「思う」

　　제1장에서 심적 상태를 기술하는 사고동사는 그 인용부에 사적 표현밖에 취할 수 없음을 지적하였으나(제1장의 예(13), (14)을 참조), 사고동사 중에서도 「思う」의 경우는 마음속발화를 기술하는 용법이 있어 인용부에 공적 표현을 취할 수 있다. 이러한 용법의 「思う」는 다음의 예처럼 특히 과거형인 「思った」에서 자주 관찰된다.

(17) 男はふがいない自分に対して，[おい，しっかりしろよ] と思った。
(18) 男は弟のふがいない姿を見て，[おい，しっかりしろよ] と思った。

이들 예의 인용부는 호출표현인 「おい」, 명령표현인 「しっかりしろ」, 그리고 종조사인 「よ」로 구성된 공적 표현이다. (17)은 마음속으로 자기 자신에게 말하는 자기전달의 경우이지만, (18)은 마음속으로 타자를 향해 말하는 경우이다.

「思う」가 마음속발화를 기술하는 경우는 (17), (18)에서도 알 수 있듯이 그 의미구조가 「X가 Y를 생각하다」라는 단순한 2항 관계가 아닌, 「X가 Y에 대해 Z를 생각하다」라는 3항 관계로 판단된다. 이는 발화동사 「言う」의 「X가 Y에게 Z를 말하다」와 같은 3항 관계와 평행적(平行的)이다. 단, 「X가 Y에게 Z를 생각하다」라고 말할 수 없는 것은 아마도 마음속에서의 발화가 실제의 발화와 달리 현실의 청자에게 다다르지 못하는, 즉, 청자가 착점(着点)이 아니라는 점에 기인하는 듯싶다. 따라서 「思う」가 마음속발화를 기술하는 경우는 사고동사가 아닌 일종의 발화동사, 즉 심적 발화동사로 간주된다.

「思う」가 심적 발화동사로 사용될 때에 한해 그 인용부에는 자칭사의 공적 표현이 등장할 수 있다. 이하는 인터넷에서 수집한 예이다.

(19) ブの絵画教室を見て，これなら絵心ない俺でもできるんじゃね？と 思ったのが運の尽き。
(20) 派なお墓……。あたしには必要ないわ，とヒロコは思った。
(21) 当時，力の落ちた岡田選手にチャンスがまわって「代打」を出され時，「なんでオレに代打亀山なんよ！」と当時の中村監督に対して思っていたのは想像に難しくありません。

(22) 少しは，もっと私の病気について知ろうとしてよ！と，夫に対して思っ
たこともありました。

(19), (20)은 자기를 향한 발화의 예이며, (21), (22)는 타자를 향한 발
화의 예이다.

3.2. 영어의 think

사고동사인 「思う」가 마음속발화를 도입하는 것은 일본어 고유의 현
상이 아니며 영어의 think에서도 관찰된다.

앞서 제1장에서 화법 구별상 직접화법은 공적 표현의 인용이며 간접
화법은 사적 표현의 인용이라는 가설을 제시하였다. 사고동사는 통상 그
보어부에 사적 표현밖에 취하지 않으므로 간접화법으로는 사용될 수는
있어도 직접화법으로는 사용되지 않는다. 따라서 영어의 believe, suppose
등의 사고동사의 경우, (23b)의 간접화법은 허용되는데 반해 (23a)의 직
접화법은 허용되지 않는다.

(23) a. *She {believed/supposed}, "I'm happy."
　　 b.　She {believed/supposed} that she was happy.

단 think는 예외적으로 (24)에 제시한 바와 같이 직접화법과도 공기할
수 있다. 이는 (25)에 제시한 발화동사 say의 용법과 평행적이다.

(24) She thought, "I'm happy."
(25) She said, "I'm happy."

이처럼 think가 발화동사적으로 사용될 경우, 그 의미구조는 대략 X think Y to Z와 같은 3항 관계로 파악된다. to Z의 Z가 X자신이라면 마음속으로의 자기전달을 기술하는 것이 되어 think to oneself라는 표현도 가능해진다. 이하에 제시하는 바와 같이 think to oneself는 인용부에 직접화법, 즉 공적 표현을 도입할 수 있다.

(26) I thought to myself, "She's a little deaf—or maybe she hasn't washed her ears recently." (B. Hartley and P. Viney, *American Streamline Destinations*)

(「그녀는 조금 귀가 멀었다 ‑ 아니면 어쩌면 최근에 귀 청소를 하지 않은 지도 모르겠다」고 나는 생각하였다.)

(27) "He's a poor liar," thought Inspector Narracott to himself. "Why, I could manage better than that myself." (A. Christie, *The Sittaford Mystery*)

(「저 자식은 거짓말이 서투르네」라고 나라코트 경위는 생각하였다. 「뭐, 내가 저 자식보다야 좀 낫지」)

다음의 예에서는 to oneself가 표면상으로는 등장하지 않으나 자기를 향한 마음속발화라는 사실은 문맥상 명백하다.

(28) As Carol looked around the tastefully decorated room she thought, *Carol, baby! You've hit the jackpot!*[31] (S. Sheldon, *The Naked Face*)

(캐롤은 품위 있게 장식된 방을 둘러보며, (이봐, 캐롤! 너 수지맞았네)라고 생각하였다.)

---

31) 영어 예문의 이탤릭체로 쓰인 마음속발화 부분은 한국어역에서는 (   )로 제시하고자 한다. 이하동문.

(29) "She [Mother] would know if anything were wrong with Dad," Jennet
thought. "And she would have told me, wouldn't she?" (P. S. Buck,
"Answer to Life")
(「아버지에게 무슨 일이 생기면, 어머니는 아실거야」라고 제넷은
생각하였다. 「그렇다면 어머니는 나에게 알려주셨을 테니까」)

(28)에서 Carol은 자신을 Carol, baby!라고 한 후 you로 부르고 있다. (29)
에서 wouldn't she?라는 부가의문의 대상은 다름 아닌 Jennet 자신이다.
또한 다음의 예에서 think는 마음속으로 타자를 부르는 장면을 기술하
기 위해 사용되고 있다.

(30) Jill stood looking down at his [Toby's] ruined body and thought, *I
can't help you. You don't want to live like this. You want to die.*
(S. Sheldon, *A Stranger in the Mirror*)
(질은 선 채로 토비의 손상을 입은 몸을 내려 보며 생각하였다.
(나는 너를 도울 수 없어. 이대로 살아 있고 싶다고는 생각하지 않
겠지. 죽고 싶지?))

(31) Judd did something he had never done before with a patient. 'I
would like you to come back once more,' he said.
She [Anne] looked up at him quietly. 'Why?'
*Because I can't bear to let you go so soon, he thought. Because I'll never
meet anyone like you again. Because I wish I had met you first. Because
I love you.* Aloud he said, 'I thought we might — round things out.
Talk a little to make sure that you really are over your problem.
(S. Sheldon, The Naked Face)
([정신과의사인] 저드는 지금까지 환자에 대해 한 적이 없던 일을
하였다. 「다시 한 번 와주셨으면 합니다만」이라고 그는 말하였다. 앤
은 조용히 그를 올려다보았다. 「어째서이죠?」(이렇게 빨리 너를 놓아

쥐버리는 것이 참을 수 없기 때문이야. 너 같은 사람과는 두 번 다
시 만나지 못할 테니까. 내가 처음부터 너를 만났으면 좋았을 텐데
라고 생각했기 때문이야. 너를 사랑하기 때문이야)라고 그는 생각하
였다. 「마지막까지 하는 편이 좋지 않을까 생각해서요. 다름이 아니
라 조금 더 이야기를 해보고 당신이 정말로 다 나았는지 확인하는
것은 어떨까요」라고 말하였다.)

문맥상으로도 알 수 있듯이 (30)의 (Jill) thought는 (Jill) said to him
[Toby] in her mind로 인용부 안의 I는 마음속으로 Toby에게 말하는 Jill
의 공적 자기를 나타낸다. 동일하게 (31)의 he [Judd] thought 역시 he
said to her [Anne] in his mind라는 것처럼 인용부 안의 I는 마음속으로
Anne에게 말하는 Judd의 공적 자기를 나타낸다. 단 자기에게 발화하는
마음속발화의 경우 (26), (27)처럼 think to oneself라고도 할 수 있으나,
마음속에서 타자에게 발화할 때 think to someone이라고는 할 수 없다.
이는 바로 앞 절에서 기술한 일본어의 「思う」가 「X가 Y에 대해 Z라고
생각하다」라고 할 수 없는 것과 똑같은 맥락에서 마음속발화도 실제적
인 청자가 사고전달의 도착점이 아니라는 사실에 기인한다.

(28), (30), (31)의 예에서 흥미로운 점은 think가 이끄는 마음속발화
부분이 이탤릭체로 표시되어 있다는 것이다. 이와 동일한 표기법은 S.
Sheldon을 비롯한 여러 작가의 소설에서도 자주 등장한다.

(32) *What do I do with this one?* he thought. (N. H. Kleinbaum, *Dead
Poets Society*)
((이를 어쩌면 좋아)라고 그는 생각하였다.)

(33) Walking across the street through the snow, I thought, *This has
nothing to do with what I've done.* (S. Smith, *A Simple Plan*)

(눈을 맞으며 거리를 건너면서 나는 생각하였다. (이것은 내가 한
일과는 아무런 관계가 없다)

(34) *Maybe I should pay just a little more attention to things like that*, Elend
thought to himself. (B. Sanderson, Mistborn: *The Final Empire*)
((어쩌면 그러한 것에도 조금 더 주의를 기울여야만 해)라고 엘런
드는 생각하였다)

(35) *Anywhere but here*, Kellen thought to himself. Anywhere has GOT to
be better than here! (M. Lackey and J. Mallory, *The Outstretched
Shadow*)
((여기만 빼고 어디라도)라고 켈렌은 생각하였다. (어디라도 여기
보다는 좋은 곳일 거야)

이처럼 마음속발화를 이탤릭체로 표시함으로써 인용부로 둘러싸여 실
제 음성으로 구현될 수 있는 발화와의 표기상의 구별을 시도하고 있다
는 점은 상당히 시사적이다. 일본어에서도 2.2절에 제시된 예처럼 마음
속발화가 특별히 (　)로 표기된다는 사실을 고려하였을 때, 일본어, 영
어를 막론하고 마음속발화는 실제 발화로서의 회화와는 구별되어야 할
언어사용형태임을 알 수 있다.

4. 회화·마음속발화·의식묘출과 공적성의 정도

지금까지 살펴 본 바와 같이 의식묘출과 마음속발화는 실제로 청자가
존재하는 회화와 구별되는 언어사용형태이다. 회화는 자기 밖에 있는 청
자를 향한 외적 언어사용인데 반해 의식묘출과 마음속발화는 자기 안에
서의 내적 언어사용이다(각주30 참조). 의식묘출은 청자를 전혀 상정하지

않는 사적 표현만으로 표현되나, 마음속발화는 마음속으로 청자를 상정한다는 점에서 공적 표현이 내포되어 있다고 볼 수 있다.

이들 3종류의 언어사용형태별로 언어주체로서의 화자가 어떤 식으로 표현되는가를 三浦綾子의 소설『塩狩峠』를 예로 살펴보도록 하자. 이 소설에서 주인공인 信夫가 자신에 대해 언급할 때 일반적인 회화에서는 (36)의 「ぼく」가 사용되지만, 마음속발화에서는 (37)의 「おれ」, 의식묘출에서는 (38)의 「自分」이 사용된다.

> (36) 회화의 경우:
>
> 「あのね, ふじ子さん」
>   信夫は思い切って言った。
> 「ぼくは旭川に転勤になったんです。旭川はすぐ近くだから, 一ヶ月に
>   一度や二度は, お見舞いに来ますけどね」
>
> (37) 마음속발화의 경우:
>
> (おれも, 決して不幸じゃないぞ)
>   信夫は, 大学に行けないことも決して不幸ではないと心からそう思った。
>
> (38) 의식묘출의 경우:
>
> 信夫は ［聖書の一節を］ くり返して二度読んだ。自分ははたして他の
>   人のために命を捨てるほどの愛を持つことができるだろうか。

이처럼 언어사용형태에 따라 자칭사가 선별적으로 사용되는 현상을 파악하기 위해「공적성」의 개념을 도입하고자 한다. 공적성이란 화자가 청자를 상정하는 정도, 혹은 타자를 의식하는 정도를 가리킨다. 사적 자기를 나타내는「自分」은 청자를 전혀 상정하지 않으므로 공적성이 0인 자칭사라고 할 수 있다.「ぼく」와「おれ」는 공적 자기를 나타낸다는 점에서는 동일하나 전자가 후자보다 공적성이 강하다. 따라서 다음과 같은 서열관계를 설정할 수 있다.

(39) 공적성이 강한 정도 : ぼく 〉 おれ 〉 自分(=0)

공적성이 강하다는 것은 청자를 자기로부터 보다 멀리 떨어진 타자로
서 의식하는 정도가 강하다는 말도 된다. 결국 공적성이 약한 「おれ」는
화자가 자기 자신에게 말하는 마음속발화에 최적화되어 있다는 이야기
가 된다. 한편 「おれ」보다 공적성이 강한 「ぼく」는 청자가 화자 자신으
로부터 더 멀어지게 되므로 청자가 화자 밖에 위치한 회화에서 사용될
때 보다 적합하다. 이처럼 공적 자기를 나타내는 자칭사에 공적성의 정
도를 설정함으로써 이들 자칭사가 회화와 마음속발화 중 어느 쪽에서
발생하기 쉬운가라는 문제에 대해 원리적인 설명이 가능해진다.

이는 역으로 소설에서의 회화, 마음속발화, 의식묘출의 경우에도 (39)
와 평행적인 다음과 같은 서열관계가 존재함을 의미한다.

(40) 공적성이 강한 정도 : 회화 〉 마음속발화 〉 의식묘출(=0)

여기서 한 가지 주의할 점은 마음속발화가 회화와 의식묘출의 중간
지점에 위치한다는 점이다. 다시 말해 마음속발화는 공적성의 정도에 따
라 회화에 근접할 때도 있고, 경우에 따라서는 의식묘출에 근접할 때도
있다는 것이다.

따라서 공적성이 강한 마음속발화는 회화와의 구별이 힘들 수도 있다.
예를 들어 앞서 기술한 타자를 향해 말하는 마음속발화의 예 (13)-(16)에
서 마음속발화로 사용되고 있는 언어표현만을 추출하면 다음과 같다.

(41) いいわよ。そちらがそうなら，こっちだってなんだってしてやるから。

(42) あなたは夫，わたしは妻……。

(43) ゆるして……。

(44) つづけていろ。

이들 표현은 문맥이 존재하지 않는 한 회화의 예로 간주됨이 일반적이다. 따라서 (13)-(16)에서 이들이 마음속발화로 해석되는 것은 전적으로 문맥의 힘에 의한 것이라고밖에 볼 수 없다.

한편 공적성이 상당히 미약한 마음속발화의 경우는 의식묘출과의 구별이 쉽지 않다. 예를 들어 자칭사인 「おれ」와 공적 표현인 종조사 등이 전혀 사용되지 않은 다음의 예에서는 언어표현상 마음속발화와 의식묘출의 구별이 좀처럼 쉽지 않다.

(45) 信夫はひどくからだがだるくなった。

　　(つかれた，つかれた)

　　　信夫はその場にしゃがみこむようにしてねむりはじめた。

(46) いま信夫は，遠ざかっていく本州の山に，ふり切るように背を向けた。

　　思いがけなく北海道の山々が，　行く手に見えた。信夫は思わずハッと

　　した。

　　(北海道だ)

(47) 信夫は，若さとは何だろうと，考えるような顔になった。

　　(若さとは，混沌としたものだろうか)

　　　そんな気もした。

(45)-(47)에서는 (　)가 붙어있으므로 화자가 해당문장을 마음속발화로 제시하고 있음을 알 수 있으나, (　)가 없다면 이들 문장은 의식묘출로도 볼 수 있다.

저자인 三浦綾子는 사적 자기인 「自分」을 포함한 다음과 같은 예의 경우도 (   )로 묶어 마음속발화로 제시하고 있다.

(48) たったひとりで島に流れついたロビンソンの, 希望を失わない忍耐づ
よい生き方に, 信夫はたちまち魅せられてしまった。
(もし, 自分だったらどうするだろう)

(49) その時ハッキリと信夫は, 人間は必ず死ぬものであるということを納
得した。
(どうして自分が死ぬものであるというこの人生の一大事を, 今まで確
かに知ることができなかったのだろう)

(50) 信夫は, われながら思い切ったことをしたと, つくづく思った。
(自分はいったい, 何の目的で, 裁判所の仕事を捨て, 母と妹を東京にお
いて, 北海道までやって来たのだろう)

그러나 이들 예는 언어표현상으로는 의식묘출과의 구별이 불가능하다.

그렇다면 어째서 이러한 현상이 일어나는 것일까? 이는 제1장에서도 논한 일본어가 사적 자기중심의 언어라는 점에 유래한다. 사적 자기인 「自分」은 타자와 관련을 맺지 않는 내적의식의 주체이므로 마음속발화가 지닌 공적성을 약하게 하면 할수록 이러한 사적 자기표현에 가까워지게 된다.

반면 공적 자기중심의 영어의 경우는 어떨까? (36)-(38)에서 든 『塩狩峠』에서의 회화·마음속발화·의식묘출의 관계부분은 Bill and Sheila Fearbnehough역(譯) 영어판 Shiokari Pass에서 각각 다음과 같이 해석되고 있다.

(51) 회화의 경우 :

    a. ぼくは旭川に転勤になったんです。

    b. I've been transferred to Asahikawa.

(52) 마음속발화의 경우 :

    a. おれも，決して不幸じゃないぞ

    b. I'm not unfortunate either.

(53) 의식묘출의 경우 :

    a. 自分ははたして他の人のために命を捨てるほどの愛を持つことがで きるだろうか。

    b. Did he really have enough love for somebody else to throw away his life for them?

영어에서는 공적 자기를 나타내는 단어가 I밖에 없기 때문에 회화의 「ぼく」와 마음속발화의 「おれ」를 구별할 수 없다. 이는 문맥이 없으면 마음속발화를 마음속발화로 해석할 수 없음을 의미한다. 다시 말해 영어의 경우 마음속발화로부터 공적성을 제거할 수 없으므로 마음속발화는 언어표현상 항상 회화적 성격을 띠고 있다는 것이다. 한편 (53)의 의식묘출에서 「自分」은 I가 아닌 he이다. 이 경우 제1장에서도 설명한 바와 같이 영어에는 사적 자기를 나타내는 고유의 단어가 없으므로 해당의식주체인 信夫가 공적 자기로서의 내레이터란 점에서 3인칭인 he가 사용되고 있는 것이다.

이처럼 영어에서는 회화와 마음속발화가 연속적인 것으로 이해되나 의식묘출과의 사이에 일종의 단절이 존재한다. 이는 바로 영어가 공적 자기중심의 언어이기 때문이다.

5. 혼잣말 재고(再考)

지금까지 본 장에서는 사적 표현·공적 표현의 관점에서 소설에서의
언어사용형태를 다음의 3가지 경우로 구별하였다.

> (54) 소설에서의 언어사용 구별
> A. 의식묘출
> B. 마음속발화
> (i) 마음속으로 자기를 향해 발화하는 경우
> (ii) 마음속으로 타자를 향해 발화하는 경우
> C. 회화

(54A)의 의식묘출은 작가가 등장인물의 내적의식을 사적 표현으로 묘
출한 것이지만, 이 경우 사적 표현은 모두 등장인물의 사적 자기와 연관
되어 해석되므로 결과적으로 사적 자기의 내적의식이 직접 제시되게 된
다. (54B)의 마음속발화는 등장인물의 마음의 움직임을 그 인물에 의한
마음속에서의 발화로 제시한 것으로, 자기에게 발화하는 경우와 타자에
게 발화하는 경우로 나뉘나 어느 경우에도 공적 표현은 포함된다. (54C)
의 회화는 말할 것도 없이 공적 표현레벨에서 타자인 청자와 발화를 주
고 받음을 의미한다.

본 절에서는 위에 제시한 소설에서의 언어사용 구별을 염두에 두고
제3장과 제5장에서 논한 일본어의 혼잣말에 대해 재고하도록 한다.

5.1. 사적·공적 발화와 사적·공적 표현

제3장에서 서술한 바와 같이 혼잣말은 화자와는 별개의 청자를 따로 상정하지 않는 발화이다. 일반적으로 발화는 타자인 청자로의 전달을 의도하는 타입과, 그를 의도하지 않는 타입으로 크게 나뉜다. 전자를 「공적 발화」, 후자를 「사적 발화」로 부른다면, 혼잣말은 타자가 개입하지 않는 자기 세계 안에서의 사적 발화로 볼 수 있다.

제3장과 제5장의 고찰을 근거로 하였을 때, 사적 발화는 자기의 생각을 표출하는 「의식표출형(意識表出型) 발화」와 자기의 생각을 확인함으로써 사고의 자기관리를 꾀하는 「자기전달형(自己傳達型) 발화」로 나눌 수 있다(아래에서 상세히 논함). 자기의 생각을 타자에게 전하는 것은 공적 발화가 되며, (54)에서 제시한 소설의 경우, 마음속으로 타자에게 말을 건네는 마음속발화 역시 회화와 같은 공적 발화가 된다.

이런 맥락에서 자기, 타자, 사적·공적 발화, 사적·공적 표현의 관계는 다음과 같이 제시할 수 있다.

(55)

	발화의 타입	언어표현의 타입
A. 자기의 의식묘출	사적 발화	사적 표현
B. 자기의 자기에 대한 말 건넴	사적 발화	공적 표현
C. 자기의 타자에 대한 말 건넴	공적 발화	공적 표현

이 중 「사적」과 「공적」이 혼재(混在)된 (55B)가 특히 흥미로운 경우이다. 이 경우 자기전달적인 성질을 띠게 되는데 공적 표현이 사적 발화에 포함된다는 사실을 근거로 다음과 같이 설명될 수 있다. 우선 공적 표현의 「공적」이라는 함은 언어표현에 전달성, 다시 말해 타자지향성이 있음

을 의미하는 반면에, 사적 발화의 「사적」이라는 함은 자기 이외의 타자가 없음을 의미한다. 이러한 연유로 자기밖에 없는 사적 발화에 공적 표현이 발생하면, 자기 자체에 타자성이 개입되게 되어 자기라는 존재가 말하는 자기와 듣는 자기로 나뉘게 되고, 결국 자기전달형인 사적 발화가 된다. 역으로 자기전달형 사적 발화에 발생하는 공적 표현은 타자지향성이 강한 표현, 다시 말해 전달을 받는 자와 지나치게 거리를 두는 표현이어서는 안 된다.

이하, 혼잣말의 2가지 타입인 (55A)와 (55B)에 대해 보다 구체적으로 논하도록 한다.

5.2. 혼잣말의 2가지 타입

우선 (55A)에 대응하는 의식표출형 발화부터 살펴보도록 하자. 이는 생각과 의식을 언어로 표현했을 뿐인 사적 표현레벨의 발화로, 타자가 아닌 자기에 대한 작용(働きかけ)은 그다지 인정되지 않는다. 그 전형적인 예가 (56)과 같은 예로 제5장에서 다뤘던 혼잣말이 이 타입에 속한다.

(56) a. わあ, すごい。
　　 b. あ―, 疲れた。
　　 c. これ, おもしろい。

이들은 화자가 발화시점에서 느낀 생각을 직접적으로 표현하고 있다. 의식표출형 발화는 사적 표현만으로 이루어지므로 혼잣말로 해석되기 가장 쉬운 발화이다.

제5장에서 언급하였듯이 의식표출형 발화가 대화중에 사용된다는 것은 화자가 청자에게 발화하는 것이 아니라 자기 자신의 속마음을 토로(吐露)하고 있음을 의미한다. 따라서 경의를 나타내야 할 상대와의 대화에서 (57)과 같은 의식표출형 발화를 사용하더라도 실례가 되지 않는다.

(57) わあ, とっても似合う。

실례가 안 될 뿐더러 이러한 발화로 자기 자신의 속마음을 보여줌으로써 경의를 표해야 하는 상대에게 친밀감을 표명하는 것도 가능하다.

다음으로 (55B)에 대응하는 자기전달형 발화에 대해 살펴보자. 이는 제3장에서 다룬 혼잣말처럼 종조사인 「ね」와 「よ」 등의 공적 표현이 등장하는 사적 발화이다. 제3장에서는 심리학적 연구를 근거로 이들 종조사가 사교적·전달적 수단으로 우선적으로 습득된 후, 혼잣말에서도 사용됨을 지적하였다. 또한 이들이 혼잣말로 사용될 경우, 화자 스스로가 자신을 향해 정보관리에 관한 일정한 지령(指令)을 내리는 기능을 수행함에 대해서도 논하였다.

이러한 제3장에서의 고찰을 통해 다음과 같은 결론을 도출할 수 있다. 「ね」와 「よ」가 가리키는 지령의 지령자는 항상 화자이지만 피(被)지령자는 본래 화자와는 별개의 청자이어야 하며 혼잣말에서 사용될 경우에 한해 화자 자신이 피지령자가 될 수 있다(그리고 이 경우는 자기가 자기 자신에게 작용하는 발화가 된다). 나아가 이를 사적·공적이라는 관점에서 재해석하자면 다음과 같이 설명될 수 있다. 종조사인 「ね」와 「よ」는 본래 공적 표현이므로 기본적으로 이들이 포함된 발화는 타자로의 전달을 의도한 공적 발화로 해석되며, 타자로서의 청자가 상정되지 않는 혼잣말적

문맥이 제공되지 않는 한, 사적 발화로 해석될 가능성은 거의 없다.

이는 (57)의 예와 거기에 「ね」와 「よ」를 붙인 다음의 예를 비교해보아도 알 수 있다.

> (58) a. わあ, とっても似合うね。
> b. わあ, とっても似合うよ。

제5장에서 본 바와 같이 경의를 나타내야만 하는 상대와의 대화에서 (57)의 보통체는 사용할 수 있으나, 「ね」와 「よ」가 붙은 (58)의 보통체는 사용할 수 없다. (57)은 앞서 언급한 바와 같이 사적 표현으로만 구성된 발화로 공적성이 0이므로 언어표현상으로는 타자를 전혀 의식하지 않는 발화이다. 따라서 경의를 나타내야 할 상대와 대화를 하더라도 언어표현 상으로는 그 상대를 향한 발화로 해석되지 않아 보통체라도 상대에게 실례가 되지 않는다. 이와는 대조적으로 (58)은 공적 표현을 포함하므로 언어표현상 타자를 의식한 발화로 해석된다. 경의를 나타내야 할 상대와 대화하는 상황에서 당연히 그 상대는 「ね」와 「よ」의 공적성이 향하는 대상으로 판단된다. 따라서 (58)은 경의를 나타내야 할 상대에 대한 공적 발화임에도 불구하고 보통체를 사용하고 있어 상대에 대한 실례로 여겨지는 것이다.

이처럼 공적 표현을 포함한 발화는 그 공적성으로 인해 타자로서의 청자가 있는 상황에서는 공적 발화로 기능한다고 볼 수 있다. 한편 타자로서의 청자를 제거한 혼잣말적 상황이 되면 공적 표현은 그 공적성으로 말미암아 자기 안으로 타자성을 끌어들여 위에서 지적한 것처럼 자기가 자기 자신을 향해 발언하는 자기전달형 발화를 형성하게 된다.

5.3. 혼잣말과 공적성의 정도

제3장에서 지적한 흥미로운 사실 중 하나로, 종조사인 「ね」가 대화의 경우처럼 혼잣말로도 빈번히 사용되는데 반해, 「よ」는 대화의 경우에 비해 사용빈도가 현저히 낮다는 점을 지적할 수 있다. 제3장에서는 이에 대한 설명을 위해 「ね」가 지령하는 정보의 매칭은 한 사람의 사고 안에서 이루어지기 쉬우나, 「よ」가 지령하는 추론은 그렇지 않음에 대해 논하였다. 이 문제는 「ね」와 「よ」가 지닌 언어표현으로서의 공적성의 정도라는 관점에서 다음과 같이 재해석될 수 있다.

「ね」가 행하는 매칭지령이란 해당발화가 전하는 정보를, (청자, 혹은 화자 자신의 지식에 있는) 기지(旣知)정보와 조합(照合)하여 그 확인을 요구하는 것이다. 이 경우 지령자와 피지령자 사이에 일정 정도의 정보공유가 전제되므로 양자의 (정보에 관한) 심적 간극(間隙)은 좁으며, 그러한 의미에서 지령자에 대한 피지령자의 타자성이 약하다고 볼 수 있다. 따라서 제3장에서 관찰한 바와 같이, 이러한 매칭지령이 화자·청자 사이에서 발생할 경우, 화자의 청자에 대한 공감도는 높아지게 된다. 한편 「よ」가 행하는 추론지령은 해당발화가 전하는 새로운 정보를 바탕으로 (청자, 혹은 화자 자신의 지식에 있는) 관련정보의 재인식을 요구하게 된다. 이 경우 지령자와 피지령자 사이에 어느 정도의 정보의 단절이 있음이 전제가 되므로 소정의 정보를 제공하여 추론을 촉구함으로써 정보상의 단절을 메꾸도록 지시한다. 따라서 추론지시의 경우 지령자와 피지령자 사이의 (정보에 관한) 심적 간극이 넓으며, 그러한 의미에서 지령자에 대한 피지령자의 타자성은 강하다고 볼 수 있다. 자기가 타자를 의식하는 정도를 공적성이라 한다면, 이상의 논의를 통해 「ね」는 공적성이 약하지만「よ」는 공적성이 강하다는 결론에 이른다. 요컨대 공적성이 약한「ね」
는 사적 발화로서의 혼잣말에 발생하기 쉬우나, 공적성이 강한「よ」는
그러한 환경에서 좀처럼 발생하기 힘들다.

  이상의 관점에서 예를 들어「すごい」를 포함한 발화의 경우 다음과
같이 공적성의 서열관계를 가정할 수 있다.

    (59) すごいよ ＞ すごいね ＞ すごい(=0)

  언어표현상 공적성이 0인「すごい」는 대단함을 직접 표현하는 사적
발화로 쉽게 해석된다.「すごいね」는 대단함의 확인을 요구하는 것이지
만, 확인요구는 타자뿐만이 아니라 자기 확인이란 형태로 자기에게 요구
할 수도 있다. 자기 확인일 경우「すごいね」는 사적 발화로 해석된다. 한
편「すごいよ」는 대단함에 바탕을 둔 추론을 요구하지만 상술(上述)한 바
와 같이 추론요구의 상대에게는 정보 상의 단절이 있음이 전제가 된다.
따라서 추론요구는 동일정보를 갖지 않은 화자와 청자 사이에서 빈번히
이루어지나, 화자 자신 안에서 이러한 추론요구가 이루어지기 위해서는
화자가 자기 자신을 꽤 높은 수준으로까지 타자화하지 않으면 안 된다
(이 점에 대해서는 소설에서의 데이터와 관련시켜 아래에서 논하도록 한다). 이러한
이유에서「すごいよ」는 사적 발화로 해석될 가능성이 상대적으로 낮으
며, 이 배경에는「よ」가 갖는 강한 공적성이 자리 잡고 있다.

  이와 같은 언어표현의 공적성의 정도라는 관점에서 어떤 언어표현을
포함한 발화가 사적 발화로 해석되기 쉬운지 여부를 판단할 수 있다. 위
에서 본「すごいね」는 자기 확인의 사적 발화로 해석될 수 있으나, 이를
정중체인「すごいですね」로 바꾸게 되면 확인요구를 원하는 상대에게

거리를 두는 것이 되므로 공적 발화는 될 수 있어도 사적 발화는 될 수 없다.

또한 본 장 제4절에서는 소설에서의 데이터를 바탕으로 자칭사에 대해 다음과 같은 공적성의 서열관계를 가정하였다.

(60) ぼく ＞ おれ ＞ 自分(=0)

「ぼく」와 「おれ」는 공적 자기를 나타내는 공적 표현이며 「自分」은 사적 자기를 나타내는 사적 표현이다. 제3장에서 언급한 실험데이터에서도 남성의 혼잣말에는 「おれ」가 가장 많이 사용되었으나, 「おれ」가 공적 표현인만큼 이 경우 어떠한 대인의식이 존재한다고 볼 수 있다. 2.1절에서 논한 바와 같이 일본어의 경우, 말에 나타난 성차는 사회적 관계를 전제로 하므로 「おれ」가 함의하는, 자신이 남자라는 자기인식은 대인의식의 표출이라고도 볼 수 있다. 「自分」이 자칭사로서 사용된 예는 그다지 많지 않으나 「自分」은 자기의식을 표현할 뿐으로 자신의 성별에 관한 자기의식은 수반되지 않는다. 예를 들어 다음의 (61)은 제3장에서 다루었던 (15)의 혼잣말의 예를 그대로 갖고 온 것이다. 「自分」이 사용되고는 있으나 공적 표현이 포함되지 않아 의식표출형 발화로 판단된다.

(61) 自分が見てる。

이 문장만으로는 화자의 성별을 알 수 없으나, 이를 (62)처럼 바꾸게 되면 자신이 남성이라는 자기의식 하에 (61)에 상당하는 내용을 표현한 것이 된다.

(62) おれが見てる。

사적 발화에 있어 남자라는 것에 대한 자기의식에는 공적성이 약한 「おれ」가 적합하며, 그보다 공적성이 강한 「ぼく」는 사적 발화에는 좀처럼 등장하지 않는다.

마지막으로 2.2절에서 고찰한, 소설에서의 마음속발화와 일상적 언어 사용에서의 혼잣말의 관계에 대해 간단히 서술해두고자 한다. 마음속발화에는 화자가 마음속으로 자기 자신에게 말하는 장면과 타자에게 말하는 장면의 두 종류가 있다. 5.1절에서 본 바와 같이 후자는 타자로의 전달을 의도한 공적 발화에 대응하는데 반해, 전자는 자기전달형인 사적 발화에 대응한다. 자기전달형 사적 발화의 특징은 위에서 지적한 것처럼 공적 표현을 사용함으로써 화자가 자신 안에 타자성을 끌어들여 스스로를 말하는 자기와 말을 듣는 자기로 나눈다는 데 있다. 자기 안에 타자성을 최대한으로 끌어들이는 방법은 말을 듣는 자기를 2인칭화하는 것이다. 따라서 소설의 마음속발화에서는 2.2절에 제시한 바와 같이 다음과 같은 예가 자기전달형 사적 발화의 예로 등장한다.

(63) a. このまま家に戻れ。
　　 b. お前は結婚しているんだぞ。(예(11) 참조)

그러나 이러한 예는 본서의 혼잣말데이터에서는 찾을 수 없다. 그도 그럴 것이 일상적으로는 이러한 예에 등장할 만큼 극단적 혹은 극적으로 자기 자신을 타자화하는 경우가 좀처럼 없기 때문이다. 위에서 본 것처럼 종조사인 「よ」가 「ね」에 비해 혼잣말에 등장하기 어려운 것은, 「よ」가 행하는 추론요구가 정보상의 단절을 전제로 하는 바, 이러한 추론요구가 자기 안에서 이루어지기 위해서는 상대적으로 강한 타자성을 자기 안으로 끌어들여야만 하기 때문이다. (63)의 마음속발화는 화자가 스스로를 2인칭화하여 행동과 인식의 수정을 요구하는 것으로 「よ」는 타자화가 관여하는 극히 분열성(分裂性)이 강한 발화이다. 따라서 소설과 연극 등의 문학작품에서 등장인물의 심적 동요를 과장적으로 표현하기 위해 사용될 수는 있어도 일상적인 혼잣말에는 잘 나타나지 않는 것이 보통이다.

그러나 그렇다고 해서 (63)과 같은 예가 자기전달형 사적 발화가 지닌 성질에서 일탈된 것은 아니라는 점에도 주의가 필요하다. 다시 말해, 말을 듣는 자기를 2인칭화해 타자화하면서도, 직접명령형과 아주 친한 사람에게만 쓰는 대칭사(對稱詞)인 「お前」을 사용함으로써 말을 하는 자기와 말을 듣는 자기의 거리를 가능한 한 멀리 두려 하지 않는다는 점이 중요한 것이다. (64)와 같이 명령형에 「なさい」나 대칭사로 「きみ」를 사용하여 전달의 수령자와 거리를 두려 한다면 이는 더 이상 자기전달형 사적 발화라고는 볼 수 없게 된다.

> (64) a. このまま家に戻りなさい。
> b. きみは結婚しているんだぞ。

여기서도 언어표현의 공적성의 정도가 사적 발화로의 해석 여부에 깊숙이 관여하고 있다고 볼 수 있다.

이런 맥락에서 소설의 데이터 역시 혼잣말의 데이터와 동일한 원리에서 설명이 가능함을 알 수 있다. 차이는 단지 정도의 문제이며 소설에서는 문학적 기법의 일부로서 극적효과를 노린 언어사용의 사례가 좀 더 관찰될 뿐이다.

6. 정리

본 장에서는 우선 소설에서의 언어사용을 회화·마음속발화·의식묘
출의 3가지 형태로 나누는 한편, 마음속발화를 중심으로 일본어와 영어
의 소설에서의 이들 3형태의 관계성에 대해 고찰하였다. 일본어와 영어
를 막론하고 마음속발화는 실제 발화로서의 회화와 의식묘출과는 구별
되므로 이러한 3형태로의 구분은 일본어와 영어에 공통된다고 할 수 있
다. 그러나 일본어와 영어는 다음과 같은 차이가 있다. 일본어에서의 마
음속발화는 공적성을 약화시킬 수 있어 회화로부터는 멀어지나 의식묘
출에는 상당히 근접한 성질을 갖는다. 그에 비해 영어에서의 마음속발화
는 공적성을 제거할 수 없기 때문에 회화와는 표리일체의 관계를 이루
는 경향이 강한 반면, 의식묘출과는 확연히 구별되는 성질을 갖는다. 이
러한 일본어와 영어의 차이는 일본어가 사적 자기중심의 언어인데 반해
영어가 공적 자기중심의 언어임을 증명한다.

이어서 본 장에서는 소설에서의 언어사용의 구별을 염두에 두고 일본
어의 혼잣말에 대해 검토하였다. 혼잣말은 타자로의 전달을 의도하지 않
는 사적 발화이며, 사적 표현만으로 이뤄진 의식표출형 발화와 공적 표
현이 포함된 자기전달형 발화의 두 종류로 나뉨을 지적하였다. 의식표출
형 발화로서의 혼잣말은 소설에서의 의식묘출과 동일하게 언어표현상으
로는 공적성이 0인 발화이다. 한편 자기전달형 발화로서의 혼잣말에는
공적 표현이 사용되기는 하지만 근본이 사적 발화인 만큼 공적성은 약

하다. 즉 발화에 등장하는 공적 표현의 공적성이 강하면 강할수록 그 발화는 사적 표현이 아닌 공적 발화로 해석되기 쉽다는 것이다. 이는 소설에서의 마음속발화가 공적성이 약하면 약할수록 의식묘출에 근접해간다는 경향과는 반대된다.

  이처럼 사적 표현·공적 표현이라는 언어표현타입의 구별과, 사적 발화·공적 발화라는 발화타입의 구별을 통합함으로써 일본어에서 관찰되는 일본인의 사적성(私的性)과 공적성(公的性)의 관계가 중층적인 형태로 파악될 수 있는 것이다.

참고문헌

青木保 (1999)『「日本文化論」の変容——戦後日本の文化とアイデンティ
ティー』中央公論新社, 東京.

荒木博之 (1973)『日本人の行動様式——他律と集団の論理』講談社, 東京.

Atkinson, R. and R. Shiffrin (1968) "Human Memory: A Proposed
System and Its Control Processes," *The Psychology of Learning
and Motivation*, ed. by K. Spence and J. Spence, 89-195, Aca-
demic Press, New York.

Bachnik, J. M. (1994) "*Uchi/Soto*: Challenging Our Conceptualiza-
tions of Self, Social Order, and Language," *Situated Meaning: In-
side and Outside in Japanese Self, Society, and Language*, ed. by
J. M. Bachnik and C. J. Quinn, Jr., 3-37, Princeton University
Press, Princeton.

Bakhtin, M. (1984) *Problems of Dostoevsky's Poetics*, University of
Minnesota Press, Minneapolis.

Banfield, A. (1982) *Unspeakable Sentences: Narration and Representa-
tion in the Language of Fiction*, Routledge and Kegan Paul, Bos-
ton.

Bartlett, F. (1932) *Remembering: A Study in Experimental and Social
Psychology*, Cambridge University Press, Cambridge.

Beaudichon, J. (1973) "Nature and Instrumental Function of Private
Speech in Problem Solving Situations," *Merrill-Palmer Quarterly*
19, 117-135.

ベフ, ハルミ (1987)『イデオロギーとしての日本文化論』思想の科学社,
東京.

Benedict, R. (1946) *The Chrysanthemum and the Sword: Patterns of
Japanese Culture*, Houghton Mifflin, Boston. [長谷川松治(訳)『菊
と刀——日本文化の型』講談社.]

Benveniste, E. (1971) *Problems in General Linguistics*, trans. by M.
E. Meek, University of Miami Press, Coral Gables, FL.

Berk, L. (1992) "Children's Private Speech: An Overview of Theory and the Status of Research," *Private Speech: From Social Interaction to Self-Regulation*, ed. by R. Diaz and L. Berk, 17–53, Lawrence Erlbaum, Hillsdale, NJ.

Berk, L. and R. Garvin (1984) "Development of Private Speech among Low-Income Appalachian Children," *Developmental Psychology* 20, 271–286.

Bivens, J. and L. Berk (1990) "A Longitudinal Study of the Development of Elementary School Children's Private Speech," *Merrill-Palmer Quarterly* 36, 443–463.

Bolinger, D. (1979) "To Catch a Metaphor: *You* as Norm," *American Speech* 54, 194–209.

Brown, P. and S. Levinson (1978/1987) *Politeness: Some Universals in Language Usage*, Cambridge University Press, Cambridge.

陳常好 (1987)「終助詞——話し手と聞き手の認識のギャップをうめるための文接辞」『日本語学』第 6 巻第 10 号, 93–109.

Chomsky, N. (1981) *Lectures on Government and Binding*, Foris, Dordrecht.

Clancy, P. (1986) "The Acquisition of Japanese," *The Acquisition of Japanese*, ed. by P. Clancy and D. Slobin, 373–524, Lawrence Erlbaum, Hillsdale, NJ.

Clement, J., D. Brown and A. Zeitsman (1989) "Not All Preconceptions Are Misconceptions: Finding 'Anchoring Conceptions' for Grounding Instruction on Students' Intuitions," *International Journal of Science Education* 11, 554–565.

Cook, H. (1990) "The Sentence-Final Particle *Ne* as a Tool for Cooperation in Japanese Conversation," *Japanese Korean Linguistics*, 29–44, CSLI Publications, Stanford.

Cook, H. (1992) "Meanings of Non-referential Indexes: A Case Study of the Japanese Sentence-Final Particle *Ne*," *Text* 12, 507–539.

Diaz, R. and L. Berk, eds. (1992) *Private Speech: From Social Interaction to Self-Regulation*, Lawrence Erlbaum, Hillsdale, NJ.

土居健郎 (1971)『「甘え」の構造』弘文堂, 東京.

土居健郎 (2000)『土居健朗選集 6 心とことば』岩波書店, 東京.

Feigenbaum, P. (1992) "Development of the Syntactic and Discourse Structures of Private Speech," *Private Speech: From Social In-*

teraction to Self-Regulation, ed. by R. Diaz and L. Berk, 181–198, Lawrence Erlbaum, Hillsdale, NJ.

Fillmore, C. J. (1997) *Lectures on Deixis*, CSLI Publications, Stanford.

Fludernik, M. (1993) *The Fictions of Language and the Languages of Fiction: The Linguistic Representation of Speech and Consciousness*, Routledge, London.

Fry, P. (1992) "Assessment of Private Speech and Inner Speech of Older Adults in Relation to Depression," *Private Speech: From Social Interaction to Self-Regulation*, ed. by R. Diaz and L. Berk, 267–284, Lawrence Erlbaum, Hillsdale, NJ.

Grice, P. (1975) "Logic and Conversation" *Speech Acts*, ed. by P. Cole and J. Morgan, 41–58, Academic Press, New York.

Haegeman, L. (1990) "Understood Subjects in English Diaries: On the Relevance of Theoretical Syntax for the Study of Register Variation," *Multilingua* 9, 157–199.

Haegeman, L. and T. Ihsane (1999) "Subject Ellipsis in Embedded Clauses in English," *English Language and Linguistics* 3, 117–145.

濱口惠俊(編) (1996)『日本文化は異質か』日本放送出版協会, 東京.

Hasegawa, Y. (1993) "Prototype Semantics: A Case Study of TE K-/IK- Constructions in Japanese," *Language and Communication* 13, 45–65.

Hasegawa, Y. (1999) "Tense-Aspect Controversy Revisited: The -*Ta* and -*Ru* Forms in Japanese," *Selected Papers from the 6th International Pragmatics Conference*, ed. by J. Verschueren, 225–240, International Pragmatics Association, Antwerp.

Hasegawa, Y. (2002) "Speech-Style Shifts and Intimate Exaltation in Japanese," *CLS* 38, 269–284.

Hasegawa, Y. (2005) "A Study of Soliloquy in Japanese," *BLS* 31, 145–156.

Hasegawa, Y. (2006) "Embedded Soliloquy and Affective Stances in Japanese," *Emotive Communication in Japanese*, ed. by S. Suzuki, 209–229, John Benjamins, Amsterdam.

Hasegawa, Y. (2007) "Demonstratives in Soliloquial Japanese," *CLS* 43, 93–107.

Hasegawa, Y. and Y. Hirose (2005) "What the Japanese Language Tells Us about the Alleged Japanese Relational Self," *Australian Journal of Linguistics* 25, 219-251.

日高水穂 (1994)「越中五箇山方言における授与動詞の体系について——視点性成立過程への一考察」『国語学』176 集, 14-25.

日高水穂 (1997)「授与動詞の体系変化の地域差——東日本方言の対照から」『国語学』190 集, 24-35.

Hirose, Y. (1995) "Direct and Indirect Speech as Quotations of Public and Private Expression," *Lingua* 95, 223-238.

廣瀬幸生 (1997)「人を表すことばと照応」『指示と照応と否定』中右実 (編), 1-89, 研究社出版, 東京.

Hirose, Y. (2000) "Public and Private Self as Two Aspects of the Speaker: A Contrastive Study of Japanese and English," *Journal of Pragmatics* 32, 1623-1656.

Hirose, Y. (2002) "Viewpoint and the Nature of the Japanese Reflexive *Zibun*," *Cognitive Linguistics* 13, 357-401.

廣瀬幸生・長谷川葉子 (2001)「日本語から見た日本人——日本人は『集団主義的』か〈上・下〉」『言語』第 30 巻第 1 号, 86-97, 同 2 号, 86-96.

廣瀬幸生・長谷川葉子 (2007)「ダイクシスの中心をなす日本的自己」『言語』第 36 巻第 2 号, 74-81.

本多啓 (2005)『アフォーダンスの認知意味論: 生態心理学から見た文法現象』東京大学出版会, 東京.

Horn, L. R. (1984) "Toward a New Taxonomy for Pragmatic Inference: Q-Based and R-Based Implicature," *Meaning, Form, and Use in Context: Linguistic Applications*, ed. by Deborah Schiffrin, 11-42, Georgetown University Press, Washington, D.C.

Ide, S. (1991) "How and Why Do Women Speak More Politely in Japanese?," *Aspects of Japanese Women's Language*, ed. by S. Ide and N. McGloin, 63-79, Kurosio, Tokyo.

池上嘉彦 (2000)『「日本語論」への招待』講談社, 東京.

池上嘉彦 (2007)『日本語と日本語論』筑摩書房, 東京.

Ikuta, S. (1983) "Speech Level Shift and Conversational Strategy in Japanese Discourse," *Language Sciences* 5, 37-53.

井上和子 (1983)「日本語の伝聞表現とその談話機能」『言語』第 12 巻第

11号, 113-121.

井上優 (1997)「『もしもし, 切符を落とされましたよ』——終助詞『よ』を使うことの意味」『言語』第 26 巻第 2 号, 62-67.

Iwasaki, S. (1993) *Subjectivity in Grammar and Discourse: Theoretical Considerations and a Case Study of Japanese Spoken Discourse*, John Benjamins, Amsterdam.

伊豆原英子 (2003)「終助詞『よ』『よね』『ね』再考」『愛知学院大学教養部紀要』第 51 巻第 2 号, 1-15.

John-Steiner, V. (1992) "Private Speech among Adults," *Private Speech: From Social Interaction to Self-Regulation*, ed. by R. Diaz and L. Berk, 285-296, Lawrence Erlbaum, Hillsdale, NJ.

鎌田修 (1988)「日本語の伝達表現」『日本語学』第 7 巻第 9 号, 59-72.

鎌田修 (2000)『日本語の引用』ひつじ書房, 東京.

神尾昭雄 (1990)『情報のなわ張り理論——言語の機能的分析』大修館書店, 東京.

Kamio, A. (1994) "The Theory of Territory of Information: The Case of Japanese," *Journal of Pragmatics* 21, 67-100.

神尾昭雄 (1998)「情報のなわ張り理論: 基礎から最近の発展まで」『談話と情報構造』中右実(編), 1-111, 研究社出版, 東京.

片桐恭弘 (1995)「終助詞による対話調整」『言語』第 24 巻第 11 号, 38-45.

Katagiri, Y. (2007) "Dialogue Functions of Japanese Sentence-Final Particles 'Yo' and 'Ne'," *Journal of Pragmatics* 39, 1313-1323.

片岡邦好 (2002)「指示的, 非指示的意味と文化的実践——言語使用における『指標性』について」『社会言語科学』第 4 巻第 2 号, 21-41.

加藤重広 (2001)「文末助詞『ね』『よ』の談話構成機能」『富山大学人文学部紀要』第 35 号, 31-48.

加藤正信 (1973)「全国方言の敬語」『敬語講座 6 現代の敬語』林四郎・南不二男(編), 25-83, 明治書院, 東京.

木村敏 (1972)『人と人との間——精神病理学的日本論』弘文堂, 東京.

木村敏 (1990)『分裂病と他者』弘文堂, 東京.

Kitagawa, C. and A. Lehrer (1990) "Impersonal Uses of Personal Pronouns," *Journal of Pragmatics* 14, 739-759.

小林典子 (2003)「伝聞表現は高等技術——日本語教育の現場から」『言語』第 32 巻第 7 号, 56-61.

Kohlberg, L., J. Yaeger and E. Hjertholm (1968) "Private Speech: Four Studies and a Review of Theories," *Child Development* 39, 691-736.

国立国語研究所 (1955)『談話語の実態』国立国語研究所, 東京.

小森道彦 (1992)「人称ダイクシスの磁場」『グラマー・テクスト・レトリック』安井泉(編), 185-209, くろしお出版, 東京.

今野弘章 (2007)「イ落ち構文における形式と機能の対応」「談話のタイプと文法の関係に関する日英語対照言語学的研究」研究会発表論文, 筑波大学.

Kronk, C. (1994) "Private Speech in Adolescents," *Adolescence* 29, 781-804.

熊倉千之 (1990)『日本人の表現力と個性——新しい「私」の発見』中央公論社, 東京.

久野暲 (1978)『談話の文法』大修館書店, 東京.

Kuroda, S.-Y. (1973) "Where Epistemology, Style, and Grammar Meet: A Case Study from Japanese," *A Festschrift for Morris Halle*, ed. by S. R. Anderson and P. Kiparsky, 377-391, Holt, Rinehart and Winston, New York.

黒田成幸 (1979)「(コ)・ソ・アについて」『林栄一教授還暦記念論文集・英語と日本語と』林栄一教授還暦記念論文集刊行委員会(編), 41-59, くろしお出版, 東京.

Langacker, R. W. (1990) "Subjectification," *Cognitive Linguistics* 1, 5-38.

Lebra, T. S. (1992) "Self in Japanese Culture," *Japanese Sense of Self*, ed. by N. R. Rosenberger, 105-120, Cambridge University Press, Cambridge.

Loftus, E. and J. Palmer (1974) "Reconstruction of Automobile Destruction: An Example of the Interaction between Language and Memory," *Journal of Verbal Learning and Verbal Behavior* 13, 585-589.

Lyons, J. (1977) *Semantics: 1*, Cambridge University Press, Cambridge.

牧野成一 (1996)『ウチとソトの言語文化学——文法を文化で切る』アルク, 東京.

Matsumoto, Y. (1989) "Politeness and Conversational Universals:

Observations from Japanese," *Multilingua* 8, 207-221.

松村瑞子・因京子 (1998)「日本語談話におけるスタイル交替の実態とその効果」『言語科学』第 33 号, 109-118.

Maynard, S. (1991) "Pragmatics of Discourse Modality: A Case of *Da* and *Desu/Masu* Forms in Japanese," *Journal of Pragmatics* 15, 551-582.

Maynard, S. (1993) *Discourse Modality: Subjectivity, Emotion and Voice in the Japanese Language*, John Benjamins, Amsterdam.

Maynard, S. (1997) *Japanese Communication: Language and Thought in Context*, University of Hawai'i Press, Honolulu.

Mead, G. (1934) *Mind, Self, and Society: From the Standpoint of a Social Behaviorist*, University of Chicago Press, Chicago.

南博 (1994)『日本人論——明治から今日まで』岩波書店, 東京.

森雄一 (1998)「『主体化』をめぐって」『東京大学国語研究室創設百周年記念国語研究論集』東京大学国語研究室創設百周年記念国語研究論集編集委員会(編), 186-198, 汲古書院, 東京.

森雄一 (2008)「自己表現のダイナミズム——『自分』『われ』『おのれ』を中心に」『ことばのダイナミズム』森雄一・西村義樹・山田進・米山三明(編), 295-309, くろしお出版, 東京.

森山新 (1998)「終助詞『な』と『ね』の意味・用法の違いについて」*The Korean Journal of Japanology* 41, 171-187.

森山卓郎 (1989)「コミュニケーションにおける聞き手情報——聞き手情報配慮非配慮の理論」『日本語のモダリティ』仁田義雄・益岡隆志(編), 95-120, くろしお出版, 東京.

森山卓郎 (1997)「『独り言』をめぐって——思考の言語と伝達の言語」『日本語文法　体系と方法』川端善明・仁田義雄(編), 173-188, ひつじ書房, 東京.

中根千枝 (1967)『タテ社会の人間関係——単一社会の理論』講談社, 東京.

中右実 (1994)『認知意味論の原理』大修館書店, 東京.

ネウストプニー, J. V. (1982)『外国人とのコミュニケーション』岩波書店, 東京.

西田光一 (2002)「人を表す総称名詞句の指示対象了解的用法について」*JELS* 19 (日本英語学会 19 回大会研究発表論文集), 116-125.

西田直敏 (1998)『日本人の敬語生活史』翰林書房, 東京.

西村義樹 (2000)「対照研究への認知言語学的アプローチ」『認知言語学の

発展』坂原茂(編), 145-166, ひつじ書房, 東京.

仁田義雄 (1991)「意志の表現と聞き手存在」『国語学』165 集, 1-13.

Ochs, E. (1993) "Indexing Gender," *Sex and Gender Hierarchies*, ed. by B. Miller, 146-169, Cambridge University Press, Cambridge.

Ochs, E. (1996) "Linguistic Resources for Socializing Humanity," *Rethinking Linguistic Relativity*, ed. by J. Gumperz and S. Levinson, 407-437, Cambridge University Press, Cambridge.

岡本能里子 (1997)「教室談話における文体シフトの指標的機能——丁寧体と普通体の使い分け」『日本語学』第 16 巻第 3 号, 39-51.

Okamoto, S. (1997) "Social Context, Linguistic Ideology, and Indexical Expressions in Japanese," *Journal of Pragmatics* 28, 795-817.

Okamoto, S. (1999) "Situated Politeness: Coordinating Honorific and Non-honorific Expressions in Japanese Conversations," *Pragmatics* 9, 51-74.

小野晋・中川裕志 (1997)「階層的記憶モデルによる終助詞『よ』『ね』『な』『ぞ』『ぜ』の意味論」『認知科学』第 4 巻第 2 号, 39-57.

大江三郎 (1975)『日英語の比較研究——主観性をめぐって』南雲堂, 東京.

大曽美恵子 (1986)「誤用分析 1 『今日はいい天気ですね。』——『はい, そうです。』」『日本語学』第 5 巻第 9 号, 91-94.

大久保愛 (1967)『幼児言語の発達』東京堂出版, 東京.

Peirce, C. (1960) *Collected Papers of Charles Sanders Peirce, Vol. 4*, Harvard University Press, Cambridge, MA.

Piaget, J. (1923/2002) *Language and Thought of the Child*, Routledge, London.

ピーターセン, マーク (1990)『続日本人の英語』岩波書店, 東京.

Pizziconi, B. (2003) "Re-examining Politeness, Face and the Japanese Language," *Journal of Pragmatics* 35, 1471-1506.

Reischauer, E. O. (1950) *The United States and Japan*, Harvard University Press, Cambridge, MA.

Saigo, H. (2006) *The Pragmatic Properties and Sequential Functions of the Japanese Sentence-Final Particles Ne, Yo and Yone*, Doctoral dissertation, University of Durham.

佐治圭三 (1957)「終助詞の機能」『国語国文』第 26 巻第 7 号, 23-31.

Sell, R. (1992) "Literary Texts and Diachronic Aspects of Politeness," *Politeness in Language: Studies in Its History, Theory, and Prac-*

tice, ed. by R. Watts, S. Ide and K. Ehlich, 109-129, Mouton de Gruyter, Berlin/New York.

Shinzato, R. (2004) "Some Observations Concerning Mental Verbs and Speech Act Verbs," *Journal of Pragmatics* 36, 861-882.

Slobin, D. (1996) "From 'Thought and Language' to 'Thinking for Speaking," *Rethinking Linguistic Relativity*, ed. by J. Gumperz and S. Levinson, 70-96, Cambridge University Press, Cambridge.

Suckle, R. (1994) "*Uchi/Soto*: Choices in Directive Speech Acts in Japanese," *Situated Meaning: Inside and Outside in Japanese Self, Society, and Language*, ed. by J. Bachnik and C. Quinn, 114-142, Princeton University Press, Princeton.

杉本良夫・マオア, ロス (1995)『日本人論の方程式』筑摩書房, 東京.

杉浦まそみ子 (2007)『引用表現の習得研究——記号論的アプローチと機能的統語論に基づいて』ひつじ書房, 東京.

鈴木睦 (1997)「日本語教育における丁寧体世界と普通体世界」『視点と言語行動』田窪行則(編), 45-76, くろしお出版, 東京.

鈴木孝夫 (1973)『ことばと文化』岩波書店, 東京.

鈴木孝夫 (1996)『教養としての言語学』岩波書店, 東京.

Swan, M. (2005) *Practical English Usage*, 3rd ed., Oxford University Press, Oxford.

Tager-Flusberg, H. (1992) "Autistic Children's Talk about Psychological States: Deficits in the Early Acquisition of a Theory of Mind," *Child Development* 63, 161-172.

高見健一 (2003)「伝聞が伝聞でなくなるとき」『言語』第 32 巻第 7 号, 29-35.

高野陽太郎 (2008)『「集団主義」という錯覚——日本人論の思い違いとその由来』新曜社, 東京.

Takubo, Y. and S. Kinsui (1997) "Discourse Management in Terms of Mental Spaces," *Journal of Pragmatics* 28, 741-758.

坪本篤朗 (2002)「モノとコトから見た日英語比較」『国際関係・比較文化研究』第 1 巻第 1 号 (静岡県立大学国際関係学部), 57-78.

時枝誠記 (1951)「対人関係を構成する助詞・助動詞」『国語国文』第 20 巻第 9 号, 1-10.

Uehara, S. (1998) "Pronoun Drop and Perspective in Japanese," *Japanese/Korean Linguistics* 7, 275-289.

Uyeno, T. (1971) *A Study of Japanese Modality: A Performance Analysis of Sentence Particles*, Doctoral dissertation, University of Michigan.

上野田鶴子 (1972)「終助詞とその周辺」『日本語教育』第 17 号，62-77.

宇佐美まゆみ (1995)「談話レベルから見た敬語使用——スピーチレベルシフト生起の条件と機能」『学苑』第 662 号，27-42, 昭和女子大学近代文化研究所.

Vygotsky, L. (1934/1986) *Thought and Language*, MIT Press, Cambridge, MA.

和田尚明 (2001)「英語の完了形・日本語の完了形相当表現の時間構造と定時点副詞類との共起性」『言語研究』第 119 号，77-110.

和田尚明 (2008)「公的自己中心性の度合いと西欧諸語の法・時制現象の相違」『ことばのダイナミズム』森雄一・西村義樹・山田進・米山三明(編)，277-294, くろしお出版，東京.

鷲留美 (1997)「終助詞と発話類型：東京語終助詞『わ』と『な』の談話における働き」『日本語・日本文化研究』第 7 号，65-79, 大阪外国語大学.

綿巻徹 (1997)「自閉症児における共感獲得表現助詞『ね』の使用の欠如：事例研究」『発達障害研究』第 19 号，146-157.

Watson, J. (1925) *Behaviorism*, W. W. Norton, New York.

Watts, R. (1992) "Linguistic Politeness and Politic Verbal Behaviour: Reconsidering Claims for Universality," *Politeness in Language: Studies in Its History, Theory, and Practice*, ed. by R. Watts, S. Ide and K. Ehlich, 43-70, Mouton de Gruyter, Berlin/New York.

Wetzel, P. J. (1994) "A Movable Self: The Linguistic Indexing of *Uchi* and *Soto*," *Situated Meaning: Inside and Outside in Japanese Self, Society, and Language*, ed. by J. M. Bachnik and C. J. Quinn, Jr., 73-87, Princeton University Press, Princeton.

山口治彦 (2002)「直示動詞と対話空間：英語，日本語，そして九州方言をもとに」『神戸外大論叢』第 53 巻第 3 号，51-70.

山口美知代 (1998)「自由間接話法と情報の伝達構造：話法・引用の対照研究のために」『京都府立大学学術報告 人文・社会』第 50 号，61-74.

Yoshino, K. (1992) *Cultural Nationalism in Contemporary Japan*, Routledge, London.

저자 소개

히로세 유키오(広瀬 幸生)

1984년, 쓰쿠바(筑波)대학대학원 문예·언어연구과 박사과정 졸업. 문학박사. 현재 쓰쿠바 대학 교수.

주요업적 : *Referential Opacity and the Speaker's Propositional Atiitudes*(リーベル出版, 1986), 『指示と照応と否定』(공저, 研究社, 1997), "Viewpoint the Nature of the Japanese Reflexive Zibun"(*Cognitive Linguistics* 13, 2002), 『話者指示性と視点と対比』(『「内」と「外」の言語学』, 開拓社, 2009) 등.

하세가와 요코(長谷川 葉子)

1992년, 캘리포니아대학 버클리캠퍼스(UC Berkeley) 언어학부 박사과정 졸업. Ph.D. 현재 UC Berkeley 교수.

주요업적 : *A Study of Clause Linkage : The Connective – TE in Japanese* (CSLI, Kurosio, 1996), "The (Nonvacuous) Semantics of TE–linkage in Japanese" (*Journal of Pragmatics*, 1996), "Embedded Soliloquy and Affective Stances in Japanese"(*Emotive Communication in Japanese*, John Benjamins, 2006) 등.

역자 소개

채성식(蔡盛植)

1998년, 고려대학교 문과대학 일어일문학과 졸업. 2005년 쓰쿠바(筑波)대학대학원 문예·언어연구과 박사과정 졸업. 언어학박사. 리쓰메이칸(立命館)대학 객원교수. 현재 고려대학교 문과대학 일어일문학과 부교수.

일본어로부터 본 일본인

초판 인쇄 2015년 8월 17일
초판 발행 2015년 8월 27일

저 자 히로세 유키오·하세가와 요코
역 자 채성식
발행인 이대현
편 집 이소희
디자인 이홍주
펴낸곳 도서출판 역락
        서울 서초구 동광로 46길 6-6 문창빌딩 2층
        전화 02-3409-2058(영업부), 2060(편집부)
        팩시밀리 02-3409-2059
        이메일 youkrack@hanmail.net
        블로그 http://blog.naver.com/youkrack3888
        등록 1999년 4월 19일 제303-2002-000014호
ISBN 979-11-5686-239-0 93730
정 가 18,000원